KB149572

문화마케팅 입문

문화와 비즈니스를 연결하다

문화마케팅 입문

문화와 비즈니스를 연결하다

ⓒ 윤홍근, 2015

2015년 7월 17일 초판 1쇄 펴냄
2017년 9월 23일 초판 3쇄 펴냄

지은이 / 윤홍근
펴낸이 / 김외숙

편집 / 이근호·김경민
디자인 / 티디디자인
인쇄용지 / 한솔제지(주)

펴낸곳 / (사)한국방송통신대학교출판문화원
　　　　등록　1982년 6월 7일 제1-491호
　　　　주소　서울특별시 종로구 이화장길 54 (우-03088)
　　　　전화　1644-1232
　　　　팩스　(02)741-4570
　　　　홈페이지 http://press.knou.ac.kr

<지식의 날개>는 한국방송통신대학교출판문화원의
교양도서 브랜드입니다.

문화마케팅 입문

문화와 비즈니스를 연결하다

윤 홍 근

지식의날개

왜 문화마케팅이 관심을 끄는가

여가시간 확대와 소득 증가에 따라 영화, 공연, 방송, 문화예술 관람이 증가하는 등 문화시장이 확대되고 있다. 영화산업의 경우 2012년에 1인당 영화관 방문 횟수는 3.8회(일본 1.3회), 전체 영화관 관객 수는 2억 명을 기록했다. 뮤지컬시장도 3000억 원대로 규모가 커지며 폭발적으로 성장하고 있다. 한류를 이끌고 있는 드라마는 한 달 평균 방영 종수가 64편으로 일본의 60편보다 많으며 중국, 일본, 동남아시아 등 배후지역에 수출도 활발하게 이루어지고 있다.

우리나라 문화시장 규모가 커지면서 드라마, 음악(케이팝: K-Pop), 게임 등의 콘텐츠가 해외에서 큰 인기를 얻으며 '한류 (Korean Wave)'라는 이름으로 세계의 주목을 받고 있다. 한류에 힘입은 콘텐츠 수출의 증가는 파생상품의 수출 및 관광, 음식, 패션, 의료 등 관련 산업에도 긍정적인 영향을 끼쳤다.

개인의 창의성, 아이디어, 재능과 문화 등이 결합되어 상품이나 서비스로 개발되는 과정에 마케팅의 역할이 중요해졌다. 문화상품에 부가가치를 높여서 수익을 창출하는 데 문화마케팅이 핵심적인 역할을 하게 된 것이다.

문화마케팅 개념은 주체가 문화예술이냐 기업이냐에 따라 '문화를 위한 마케팅(marketing of culture or marketing for culture)'과

'마케팅을 위한 문화(culture for marketing)'로 구분할 수 있다. 전자는 문화예술(기관)이 마케팅 기법을 동원하여 문화 자체나 문화 가치를 돋보이게 만드는 것을 의미한다면, 후자는 기업이 문화예술과의 접목을 통해 부가가치를 창출하고 고객의 욕구와 기대를 충족해 주는 기업 문화마케팅 활동에 초점을 맞추고 있다. 일반적으로 문화마케팅은 문화를 토대로 소비자와 원활한 교환을 하며 기업과 문화의 가치를 창출하고 제고하는 활동을 의미한다.

우리나라 문화마케팅에 대한 연구는 1980년대 문화경영(예술경영) 도입에서 시작되어 1990년대 중반 문화경영에 대한 전문교육이 진행되었다. 2000년대 이후 한류와 케이팝의 열풍으로 문화산업에 대한 관심이 고조되면서 대학에서는 문화콘텐츠 관련 학과를 개설하여 문화마케팅, 마케팅조사방법론 등 문화경영 과목을 교과과정에 편성하였다.

문화경영학은 문화를 대상으로 문화 창조와 소비, 유통에 대한 연구를 하는 학문으로 문화마케팅, 문화연구, 문화경제학, 문화정책학, 문화관광학, 예술경영학 등을 포괄한다. 문화마케팅은 문화를 매개로 마케팅을 결합하여 탄생한 융·복합 학문으로 관객 개발이나 문화소비자의 구매행동 등을 연구하는 데 초점을 맞추고 있다.

각 대학이 문화마케팅 교육과정(education process)을 개설하였으나 교과과정(curriculum)이나 문화산업의 현장을 반영하지 못해 체계적인 학습이 이루어지지 못하고 있다. 또한 국내 문화마케팅 분야 전공자가 드물고, 마케팅 전공자나 경제학자가 문화에 대한 이해 없이 문화마케팅에 접근하는 한계를 드러내고 있다.

현재 전문화된 교육 프로그램 개발이 부족하며, 기업의 문화마케팅 활동을 지원하고 공동 프로젝트 추진을 위한 체계화된 인력 양성이 제대로 이루어지지 못하고 있다. 따라서 문화마케팅 실무자를 양성하기 위한 창의 아카데미의 설립이 필요하고, 대학은 교과과정을 개편하여 문화 산학협동 프로그램을 기획하고 운영할 문화경영 전문인력을 양성해야 한다. 무엇보다 예술 분야에 대한 호기심과 실험의지, 문제해결능력을 갖춘 문화마케팅 전문인력을 배출하여야 한다. 이런 전문인력은 지속성장이 가능한 한류를 이끌기 위해 한국 문화의 거부감을 완화하면서 콘텐츠와 파생상품을 판매하는 창의력 있는 문화마케터로 성장해야 한다.

21세기에 들어 상상력과 창의력이 경쟁력의 핵심인 '창조경제 시대'가 도래하면서 문화산업은 국가경쟁력의 원동력으로서 새롭게 주목을 받고 있다. 우리나라도 박근혜 정부가 경제성장과 일자리창출을 위해서 2013년부터 '창조경제'를 국정운영 철학으로 삼고 과학기술과 문화를 융합해 새로운 산업을 일으키겠다는 포부를 밝혔다. 그러나 창조경제는 정책 초기 개념이 모호하고 방향성이 없다는 비판론을 불러일으켰다. 이러한 비판이 제기된 것은 창의적 아이디어를 갖춘 인력을 제대로 양성하지 못하기 때문이다.

최근 기업은 창조경제를 강조하는 분위기와 함께 창의적 직원, 창의적 기업문화 등에 대한 관심을 높이고 있다. 기업이 창의성을 높이는 원천으로 기업경영에 문화예술을 접목하는 사례가 늘고 있다.

기업의 문화마케팅은 광고를 활용한 문화코드에서부터 국내외에서의 기업 이미지 제고, 그리고 내부고객인 직원에 대한 문화복지에 이르기까지 다양한 형태로 이루어지고 있다. 삼성전자와 LG전자, SK텔레콤, CJ그룹 등 대기업도 상품과 서비스에 문화를 체화하는 장기적이고 전략적인 관점의 문화마케팅으로 진화하고 있다. SM, YG, JYP 등 3대 엔터테인먼트 기업도 음반, 패션, 화장품, 의류 등 사업 다각화를 통해 오락콘텐츠 비즈니스 기업으로 확장하고 있다.

문화산업은 IT기술, 예술, 미디어 등 융·복합 영역을 결합하여 산업 간 장벽을 허문 창조경제의 핵심으로 떠오를 것으로 보인다. 문화콘텐츠 영역인 만화와 IT기술의 접목으로 '웹툰(webtoon)'이라는 새로운 장르가 생겨났다. 한국형 모델인 웹툰은 기존 출판만화와 같이 좌우로 보는 형태가 아닌 상하로 내려 보는 '스크롤만화'로 창조되어 새로운 한류를 일으키는 기폭제가 되고 있다.

웹툰의 창조처럼 만드는 기술보다 문화상품을 만들 수 있는 기획력을 중요시하면서 창의력을 강화하는 교육의 필요성이 강조되고 있다. 문화상품에 부가가치를 높이는 창의적 인재가 필요한 시점이다. 문화마케팅은 문화상품(서비스)을 매개체로 하여 마케팅과의 접목으로 최대의 성과를 달성하는 것을 목표로 삼는다. 문화는 각국의 지식, 신념, 생활양식, 관습 등을 포함하기 때문에 자국 문화보호 정책에 따라 국가마다 규제를 적용하고 있다. 특히 한류라는 일방적인 문화 수출보다는 교류를 통해 세계인이 즐길 수 있는 공감 콘텐츠가 무엇인지를 문화마케팅 영역에서 살펴볼 수 있을 것이다. 기술과 미디어, 마케팅의 결합으로 문화마케팅이 생겨난 만큼 이들 분야의 관계성 연구나 체계적인 연구가 이루어져야 할 것이다.

이 책은 문화마케팅을 배우고 싶은 학생이나 관련 업계 취업 준비생에게 실질적 도움이 될 수 있는 교육 학습서 성격을 가진다. 문화마케팅의 개념과 특성을 쉽게 파악할 수 있도록 ESTP전략, 4P전략, 문화상품 브랜드, 문화소비자 행동패턴, 빅데이터 활용 등 기본 개념을 위주로 문화마케팅에 대한 이해와 통찰력을 기르는 데 중점을 둔다.

특히 현대카드 〈슈퍼콘서트〉 사례, 문화산업에서 빅데이터의 활용 사례, 3대 엔터테인먼트회사의 브랜드화, 웹툰 〈미생〉의 스토리텔링마케팅, 드라마 〈별에서 온 그대〉의 한류마케팅 등 문화마케팅 실례가 현장 실무 감각을 익히는 데 도움을 줄 것이다. 물론 문화산업 분야가 방대하고 다양한 장르와 영역을 가지기 때문에 단번에 다양한 장르를 다루는 것은 불가능하다. 이 책은 몇 가지 성공 사례를 통해 문화마케팅에 좀 더 쉽게 접근하는 계기를 만들어 다른 사례에 적용하는 응용력을 기르는 데 목적을 둔다.

저자는 이 책이 문화마케팅에 대한 중요성을 일깨워 창조경제 활성화와 문화마케팅 분야의 학문발전에 도움이 되길 기대한다. 또한 앞으로 학자나 실무자가 문화마케팅에 대한 심층 연구와 과학적인 분석방법을 통해 문화기업이나 예술단체의 통찰력을 제공하는 다양한 저술을 내놓길 기대해 본다.

2015년 6월 전주에서

윤 홍 근

차 례

chapter 1

문화마케팅이란 무엇인가

chapter 2

문화기업의 사명과 사업 영역

chapter 3

문화소비자의 특성과 행동분석

문화마케팅이란 무엇인가

문화마케팅이란 무엇인가

1. 문화마케팅의 개념

　문화마케팅(culture marketing)은 문화와 마케팅이란 서로 어울리지 않을 것 같은 단어로 결합된 용어이다. 문화의 다원성이 인식되면서 인간의 고상한 정신적 창조물이 아닌 생활양식으로서 문화를 보는 관점이 나타나게 되었다. 영국의 인류학자 타일러(Tylor, 1871)는 "문화란 인간이 사회 성원으로서 습득한 지식, 신앙, 예술, 도덕, 법률, 관습 및 기타 모든 능력과 습관을 포괄하는 복합적 총체"라고 정의하였다. 이렇듯 문화는 인간이 새롭게 창조한 지적·정신적·예술적 산물을 담은 다양한 문화적 내용물을 포함한다.

　문화와 결합되는 마케팅이란 용어는 기업과 소비자 간 발생하는 교환을 통해 기업이 이윤을 창출하고 고객은 욕구를 충족하는 과정을 의미한다.

　따라서 인간의 삶의 질 향상이라는 가치제안 측면에서의 '문화'와 문화상품을 고객 취향에 맞춰 잘 팔리도록 하는 '마케팅'이라는 상업적인 용어의 결합으로 문화마케팅이란 신조어가 생겨난 것이다. 문화마케팅은 말 그대로 문화와 마케팅의 합성어로 문화예술의 미학적 가치를 활용해 문화소비자의 필요와 욕구에 초점을 맞춘다.

　그러면 문화마케팅의 개념은 무엇일까? 최근 자주 언급되는 문화마케팅은 기업이 문화를 마케팅전략에서 핵심 수단으로 활용하는 것을 의미한다. 기업의 문화마케팅은 메세나(mecenat)에서 그 유래를 찾을 수 있다. 메세나의 형태가 발전하면서 문화마케팅은 일반적으로 기업이 공연, 전시회, 음악회 등 각종 문화행사를 후원하거나 주최하는 문화예술 지원 활동으로 구체화된다. 더 넓은 관점에서 본다면 기업이 문화를 광고와 판촉 수단으로 활용하여 제품과 서비스에 문화 이미지를 담아내는 마케팅 활동도 해당된다. 이처럼 문화마케팅은 기업이 문화예술 코드를 마케팅에 활용하는 차원을 넘어, 소비자가 문화상품을 통하여 감성적 욕구와 상징적 욕구를 충족하고 독특한 소비 경험을 공유할 수 있는 문화가치를 향유하는 적극적인 개념으로 변모하고 있다. 이때의 문화마케팅은 소비자에게 문화가치(정신적 만족, 감성, 영성)를 주기 위해 기업이나 문화예술기관이 문화나 예술 활동을 지원하는 것으로 볼 수 있다. 마켓 1.0이 제품중심의 시대였다면 마켓 2.0은 소비자 지향 시대로 진화했다. 마켓 3.0에서 '가치'가 핵심 콘셉트로 자리를 잡으면서 기능과 감성, 영성을 강조하는 문화마케팅이 더욱 부상하고 있다. 마케팅의 대가 필립 코틀러(Philip Kotler)는 '마케팅 정의'를 관리적 정의와 사회적 정의로 구분하고 사회적 가치를 강조하였다. 그는 "마케팅은 다른 사람과 함께 가치 있는 제도와 서비스를 창조하고 제공하며 또한 자유롭게 교환함으로써 개인과 집단이 요구하고 필요로 하는 것을 획득할 수 있도록 하는 사회적 가치를 의미한다."고 정의한다(Kotler & Keller, 2013).

이 새로운 정의는 문화마케팅이 사회적 마케팅(social marketing)을 실천하기 위한 수단으로 '문화'라는 요소를 활용하는 것으로 생각할 수 있다. 개인과 기업 간의 사회적 거래에서 문화가치, 상징가치의 영향력이 커지고 있다는 것을 인식한 것이다. 마켓 3.0에서 필요한 문화마케팅은 기업이 문화예술을 활용해 고객의 감성욕구를 충족할 뿐 아니라 문화예술 발전 및 국민복지 향상에도 기여하는 사회공헌을 이룰 수 있다는 점에서 21세기형 사회적 마케팅 콘셉트의 실천적 대안이다.

국내 여러 학자는 문화마케팅의 개념을 소비자의 욕구나 문화예술지원 활동과 관련하여 다양하게 설명한다.

이동기와 박흥식(2003)은 문화요소를 상품화하고 소비자의 선택을 촉진하는 행위로서 오늘날의 문화마케팅은 기업이 문화에 대한 소비자의 욕구가 증가하고 있다는 점을 마케팅 활동에 고객 흡입력으로 이용함으로써 하나의 독립적인 분야를 만들어 내고 있다고 주장한다.

고정민(2008)은 기업이 문화를 광고 및 판촉 수단으로 활용하여 제품과 서비스에 문화 이미지를 담는 마케팅 활동을 문화마케팅이라고 정의하고, 좁은 의미로는 기업이 공연, 전시회, 음악회 등 각종 문화행사를 후원하거나 주최하는 문화예술 지원 활동, 즉 메세나(기업인의 문화예술 분야에 대한 각종 지원 및 후원 활동)운동을 의미한다고 설명한다.

프랜코이즈 콜버트 등(2005)은 문화마케팅이란 제품과 많은 소비자 간의 접촉을 꾀하고 문화사업의 업무와 일치하는 목표에 도달하기 위해 제품에 관심을 가질 만한 시장에 접근하는 한편, 가격, 유통, 판촉과 같은 상업적 변수를 제품에 맞게 적용하는 기술이라고 정의하였다.

특히 김소영(2003)은 문화예술기관과 기업 중 누가 주체가 되느냐에 따라 문화마케팅의 관점을 두 가지 차원에서 구분하였다. 즉, 문화마케팅이란 문화를 토대로 소비자와의 원활한 교환(exchange)을 통해 부가가치를 창출하고 문화를 공유하는 각 주체의 고유 가치도 높여 주는 일련의 마케팅 활동이라고 정의한다.

이에 따라 문화마케팅은 문화예술기관이 주체가 되는 문화를 위한 마케팅(marketing of culture or marketing for culture)과 기업이 주체가 되는 마케팅을 위한 문화(culture for marketing)로 구분할 수 있다. '문화를 위한 마케팅'은 문화예술(기관)이 마케팅 기법을 동원하여 문화 자체나 문화가치를 돋보이게 만드는 것을 의미한다. 이와 달리 '마케팅을 위한 문화'는 기업이 문화를 활용하여 고객의 욕구와 기대를 충족해 주는 기업의 마케팅 활동에 초점을 맞춘다. 궁극적으로 문화마케팅은 기업과 문화예술기관이 상호 호혜 관계를 통해 양자 모두 윈윈(win-win)한다는 차원에서 그 의의를 찾을 수 있다.

우선 문화예술기관이 주체가 되어 문화가치를 실현하는 데 목적을 두는 것이 '문화를 위한 마케팅'이다. 우리가 흔히 문화마케팅이라고 부르는 것이 문화를 위한 마케팅에 해당된다. 문화를 위한 마케팅은 제품이나 서비스의 차별화를 문화가치에서 찾기 위해 마케팅 활동을 전개하는 것을 의미한다. 즉, 문화상품이나 문화기업이 스토리, 역사성, 소비자의 체험 등의 문화가치를 통해 소비자에게 정신적 만족감을 주는 것이다.

문화예술기관이 일반 시민에게 문화향수의 기회를 주기 위해 제공하는 사랑티켓, 사랑의 객석 나누기, '천원의 행복' 프로젝트 등이 문화를 위한 마케팅 활동 사례이다. 더 많은 사람이 문화예술을 향유할 수 있도록 공연이나 전시 관람료의 각종 할인 티켓의 발행은 소외계층을 위한 접근성 제고 프로그램이다. 또한 정부나 문화예술기관은 문화 인프라 시설이 부족한 산간벽지, 농어촌 지역, 도서 지역 등 문화 소외지역 주민을 대상으로 순회방문을 통한 공연, 전시 등 다양한 문화향수 프로그램을 지원하고 있다.

두 번째는 '문화를 이용한 마케팅'으로 일반 기업이 문화를 기업의 이미지 제고를 목적으로 활용하는 것이다. 즉, 기업이 문화마케팅 활동을 많이 할수록 기업의 이미지와 기업가치가 증대하며, 형성된 고객가치는 고객 충성도를 높여 결국 구매행동에까지 영향을 끼친다.

문화를 이용한 마케팅은 기업이 문화를 활용하여 마케팅을 수행한다는 점에서 '마케팅을 위한 문화'와 일맥상통한다. 이는 기업의 관점에서 다양한 활동을 의미한다. 문화를 이용한 문화마케팅은 예술을 지원하는 주체인 기업에 의해 문화를 마케팅전략에 접목하는 '문화마케팅'으로 발전하고 있다. 최근 기업이 문화를 광고, 판촉 등의 수단으로 활용하여 자사의 제품과 서비스에 문화 이미지를 담아내는 하는 문화마케팅 활동이 크게 증가하고 있다. 이는 공연, 전시회 등 단순한 문화행사의 후원에서부터 상품의 이미지에 명화를 삽입하여 '생활문화기업'이라고 직접적인 광고를 하는 사례까지 다양한 형태로 나타나고 있다. 기업의 문화마케팅이 초기 비영리적 측면에서 자선 관점에 입각한 사회공헌 활동에 초점을 맞췄다면, 최근에는 전략적 경영 개념에서 공익적 측면과 상업적 측면을 통합한 투자 관점으로 전환되고 있다. 기업이 문화산업의 사업성을 높이기 위해 마케팅기법을 도입한 것을 흔히 '문화콘텐츠마케팅', '문화산업마케팅'이라고 칭하는데, 이들 용어는 '문화를 이용한 마케팅'과 비슷한 개념이다.

그러나 문화마케팅은 앞에서 살펴본 것처럼 단순한 개념이 아니다. 우선 문화라는 것이 동시대인의 공감대를 바탕으로 형성되는 것이기 때문에 기업은 문화를 매개로 브랜드와 소비자의 유대관계를 공고히 하기 위해 노력해야 한다. 소비자의 라이프스타일 (life style)을 이해하고 그들의 라이프스타일에 제품과 기업철학, 브랜드가 동화되어 생활의 일부분으로 자리 잡도록 해야 한다.

이처럼 문화를 이용한 마케팅은 이윤 추구를 목적으로 문화가 상품화되고 생산되어 시장에서 유통되는 과정을 포괄적으로 의미한다. 여러 가지 정의를 종합해 볼 때, 문화마케팅은 기업이 문화를 매개로 고객의 감성을 통해 부가가치를 창출하고 문화예술의 고유 가치를 제고하는 활동이다. 결국 문화예술기관이나 기업이 문화를 매개로 관객이나 소비자와 소통하고 유대관계를 맺어 고유의 가치(문화향유, 기업가치)를 높이는 것이 문화마케팅의 핵심 요소라 하겠다.

〈표 1-1〉 문화마케팅의 두 가지 개념

구분	문화를 위한 마케팅	문화를 이용한 마케팅
주체	문화예술기관	기업
목적	문화가치 실현, 고객의 정신적 만족감 충족	문화를 활용한 마케팅 목표달성 및 기업 이미지 제고
개념	많은 사람이 더 많은 문화를 접촉하도록 하는 각종 프로그램과 활동	문화를 활용해 상품이나 서비스, 기업의 이미지를 제고하는 활동
적용범위	문화예술마케팅	문화산업마케팅
해석상 의미	• marketing of culture • marketing for culture	• marketing though culture • culture for marketing

출처: 라도삼 외(2005)에서 재구성함.

문화에 대한 소비자의 욕구가 늘어나면서 2000년대 초반 '문화마케팅'이라는 용어가 학계와 산업계에 확산되기 시작하였다. 문화마케팅은 문화 관련 분야를 대상으로 감성마케팅, 엔터테인먼트마케팅, 예술경영, 아트마케팅 등의 다른 용어로 표현되기도 하면서 사람들에게 친숙한 용어가 되고 있다.

2. 문화마케팅의 유형과 실례

기업의 문화마케팅 유형은 문화를 활용하는 방식과 제품 및 문화 일체화의 정도에 따라 분류하기도 하고, 전략적 · 투자적 관점과 문화마케팅 실행기간에 따라 분류하기도 한다. 또한 기업의 문화마케팅은 사회공헌전략, 마케팅전략, 경영전략의 세 가지 관점으로 분류할 수 있다. 여기서는 심상민(2002)이 제시한 기업 문화마케팅의 다섯 가지 유형(5S)과 문화마케팅 활동의 관점에 따른세 가지 유형에 대해서 검토해 본다.

기업 문화마케팅의 다섯 가지 유형(5S)

기업의 문화마케팅은 문화를 마케팅에 활용하는 방식에 따라 [그림 1-1]과 같이 다섯 가지 유형으로 분류할 수 있다.

심상민(2002)이 제시한 기업 문화마케팅의 다섯 가지 유형은 기업이 문화를 활용하는 방식이 직접적인지 간접적인지 그리고 제품(서비스)과 문화의 일체화 정도가 높은지 낮은지의 두 가지 차원에 따라 분류하며 이 다섯 가지 유형은 문화판촉(sales), 문화지원(sponsorship), 문화연출(synthesis), 문화기업(style), 문화후광

문화마케팅 유형	유형별 개념	사례
문화판촉 (sales)	문화 / 광고, 판촉	• 벤츠, 태평양, 코카콜라, BMW, 도요타, 동서커피, 백세주 등
문화지원 (sponsorship)	기업 → 지원 → 문화	• IBM, 하나은행, Texaco, 마이크로소프트, 삼성전자, 금호그룹
문화연출 (synthesis)	제품서비스 / 문화	• 스타벅스, TTL, 할리 데이빗슨, 몽블랑 만년필, 포르셰, 롤렉스 KB국민은행 등
문화기업 (style)	기업 / 문화(상징)	• 소니, 에버랜드, LVMH, 디즈니, 맥도널드, 파타고니아(아웃도어 레저브랜드), 광주요(전통도자기), CJ그룹 등
문화후광 (spirit)	기업 A / 기업 B / 제품서비스 / 문화	• 프랑스, 한국, 이탈리아, 영국, 일본, 아일랜드, 스위스 등 • 한국: 한류와 디지털이 부상

출처: 심상민(2002).

[그림 1-1] 문화마케팅의 다섯 가지 유형

(spirit)으로 분류된다.

첫째, '문화판촉'은 광고나 판촉의 수단으로 문화를 활용하는 것으로 문화적 이미지를 제품 혹은 기업 전체의 이미지와 연결하여 광고, 홍보와 제품판매에 이용하는 것이다. 문화판촉의 사례로는 제품 구입이나 서비스 이용을 통한 이벤트 참여, 영화나 드라마에 자사의 제품을 노출하는 PPL(product placement)이 있다. 실제로 LG전자는 2011년 자사의 CF에 고흐, 모네, 드가 등 유명 작가의 미술 작품을 등장시켜 작품 속에 자사의 제품을 자연스럽게 녹여내면서 소비자에게 친숙하고 품격 있는 이미지를 전달하였다.

둘째, '문화지원'은 기업 홍보나 이미지 개선을 목적으로 문화예술 활동을 지원하거나 후원하는 것이다. 기업이 공연이나 전시를 후원 또는 협찬하여 기업을 홍보하는 활동으로 전통적인 메세나 활동과 가장 유사한 형태이다. 삼성전자가 러시아에서 볼쇼이 발레단을 지원하고, KT&G가 홍익대학교 주변에 '상상마당'을 운영하면서 인디 영화와 음악, 전시회 등 문화 프로그램을 지원하는 것이 대표적인 사례이다.

셋째, '문화연출'은 제품이나 서비스에 문화적 이미지를 체화하여 타 제품과 차별화하는 것이다. 문화연출의 경우 활용된 문화는 기업 고유의 이미지와 상품의 심미성, 활용도, 분위기, 멋 등을 대변하며, 심지어 기존과는 다른 새로운 문화적 요소를 제안하기도 한다. 스타벅스는 자사의 커피전문점을 제3의 체험공간으로 연출하는 데 성공하였다. 또한 KB국민은행은 2012년부터 '영화사랑적금'을 판매하고 있는데, 수령하는 이자의 1%를 은행이 부담하여 한국 영화산업 발전을 위해 기부하고 있다. 영화라는 문화콘텐츠와 KB국민은행의 상품을 적절히 결합한 '문화연출'의 대표적인 사례이다.

넷째, '문화기업'은 새롭고 독특한 문화를 상징하는 기업으로 포지셔닝 하는 것이다. 즉, 기업 자체를 '문화를 만들어 나가는 기업'이라고 정의하는 것이다. 문화연출이 특정 브랜드의 상품, 서비스 특성을 문화적 코드와 직접 연결하는 것과 달리 문화기업은 세분화된 상품이나 브랜드가 아닌 기업 전체의 이미지를 문화적인 이미지와 연결한다는 점에서 차이가 있다. CJ그룹은 2006년부터 문화재단을 설립하여 문화 창작을 지원하고 있으며, 아시아 최대 규모의 음악 시상식을 개최하고 국내 영화관 최초로 해외에 진출하는 등 대표적인 문화기업으로 부각하는 데 다양한 노력을 기울이고 있다.

다섯째, '문화후광'은 국가의 문화적 매력을 후광 효과로 향유하는 것이다. 최근 아시아 지역은 물론 전 세계에 한류 열풍이 불고 있는데, 기업이 해외에 진출할 때 '문화후광'을 마케팅에 이용하는 경우가 있다. 한류는 드라마, 대중가요, 전통문화 전파를 통한 긍정적인 국가 이미지 제고와 함께 한국 제품 선호 또는 한국 관광 등과 유기적으로 결합하여 기업의 수익성 확대에 큰 도움을 주고 있다. 문화후광은 국가의 문화적 매력에 초점을 맞춘 국가브랜드 구축과도 밀접한 관계가 있다.

국가 브랜드 개성 차원에서 우리나라는 '전통성'을 강하게 보이며, 미국과 일본은 '선도성', 이탈리아와 스웨덴은 '세련성'이라는 개성을 강하게 보이고 있다(김유경, 2007).

앞에서 기업 문화마케팅의 다섯 가지 유형을 살펴보았다. 이 가운데 문화연출 기업의 대표 사례인 스타벅스는 자사의 경쟁자를 다른 커피전문점이 아닌 만남의 장소라고 규정하면서 문화 면에서 경쟁자를 재정의하였다.

스타벅스의 성공은 문화마케팅에서 경쟁의 경계가 무의미하다는 사실을 보여 준다. 스타벅스가 판매하는 커피는 커피산업에서는 여타 커피전문점이 경쟁 브랜드이겠지만 스타벅스가 제공하는 공간은 사람들이 만나서 이야기를 나누고 데이트를 한다는 점에서 영화관, 서점 혹은 기타 만남의 장소와 경쟁관계에 있는 것이다. 스타벅스는 이런 고객의 라이프스타일을 분석하여 음원산업과 출판산업에까지 진출하였다. 스타벅스는 2004년 휴렛 패커드(HP)와 합작하여 음원사업에 진출하였다. 스타벅스는 매장 내 설치된 터치스크린 컴퓨터를 이용하여 고객들이 커피를 마시면서 수천 개의 앨범 중 듣고 싶은 곡들을 선택하여 자신만의 CD를 만들 수 있게 하였다. 또 스타벅스는 2015년 음악 스트리밍 서비스 스포티파이(Spotify)와 제휴하여 매장의 바리스타들이 스포티파이 프리미엄 서비스에 가입돼 매장용 선곡 리스트를 만들 수 있게 하였으며, 고객들은 스타벅스 모바일앱을 이용해 선곡된 곡을 평가할 수 있게 하였다. 그리고 스타벅스는 출판업에 진출하여 매장에 자체적으로 출간한 책을 비치하였다. 고객이 스타벅스 커피를 마시는 공간에서 책을 읽는 라이프스타일을 적절하게 활용한 것이다.

스타벅스 사례처럼 문화마케팅에서는 동종 업계로 한정된 경쟁 패러다임에 구속되어서는 안 된다. 소비자를 라이프스타일에 따라서 세분화할 경우 라이프스타일에 관련된 모든 제품이 경쟁사가 되기 때문이다. 예컨대, 스포츠를 즐기는 소비자에게 있어서 SUV나 스포츠용품, 스포츠센터 등은 모두 비슷한 라이프스타일을 제공하는 것이기 때문에 별도의 경쟁사로 생각하지 말아야 한다. 기업은 소비자의 한정된 소득을 둘러싸고 벌어지는 경쟁에서 어떻게 하면 확실하게 우위를 점할 수 있을까를 고민해야 한다.

기업 문화마케팅의 세 가지 유형

기업의 문화마케팅은 사회공헌전략, 마케팅전략, 경영전략의 세 가지 관점으로 분류할 수 있다. 이 같은 분류는 문화마케팅 활동의 초점이 어디에 맞춰져 있느냐에 따른 것이며, 실제 기업은 사회공헌전략과 마케팅전략 또는 사회공헌전략과 경영전략의 융합 등 다양한 형태의 문화마케팅을 실시하고 있다(김소영, 2010).

사회공헌전략 유형은 기업의 부정적인 이미지를 극복하고 기업의 사회책임(CSR) 활동을 펴기 위해 장기 관점에서 문화마케팅을 진행한다.

삼성전자는 해외시장을 공략할 때 문화예술을 적극 활용했다. 실제로 삼성전자는 1993년 이후 러시아 문화의 중심인 볼쇼이극장을 꾸준히 후원해 오고 있다. 지난 10년간 극장 측에 약 200만 달러에 달하는 재정 및 기술 지원을 해 왔다. 이런 활동은 러시아 내 삼성 브랜드 인지도와 브랜드 가치를 높이는 데 큰 역할을 했다. 극장에서 매일 발행되는 팸플릿과 주간 포스터, 격월간 잡지에 인쇄되는 삼성로고와 광고는 극장 방문객에게 삼성이 러시아 문화예술을 지원하고 지역사회에 공헌하는 기업이라는 긍정적인 인식을 심어 주었다. 이와 같이 기업의 해외진출 시 해당 지역의 문화예술지원을 통한 문화마케팅은 기업 이미지 제고 및 브랜드 가치 구축에 크게 기여한다.

② 마케팅전략으로서의 문화마케팅

마케팅전략으로서의 문화마케팅은 사회공헌의 성격보다는 마케팅전략 차원에서 더욱 적극적으로 예술과의 만남을 시도하는 문화마케팅이다. 3단계로 구분해 볼 수 있는데, 1단계는 문화마케팅 도입단계로 예술작품을 제품 디자인이나 광고 등에 직접 차용하는 마케팅커뮤니케이션 수단으로 활용하는 것이다. LG전자가 휘센 에어컨에 구스타프 클림트의 작품 〈입맞춤〉을 그대로 입히거나 더페이스샵이 화장품 용기에 빈센트 반 고흐의 〈삼나무가 있는 보리밭〉을 새긴 사례가 예술을 통해 기업의 메시지를 전달하겠다는 의도이다.

2단계는 문화마케팅 기획단계로 예술가가 기업의 정체성과 경영이념에 맞게 제품을 디자인하고 경영 활동에 참여해 창의적인 시너지를 창출해 내는 것이다. 스와치와 백남준이 함께 만든 백남준 시계, LG전자가 꽃의 화가라 불리는 하상림의 작품과 함께한 아트 디오스 등이 있다.

3단계는 문화마케팅 융합단계로 기업의 핵심 역량과 예술의 융합에서 추출한 문화마케팅의 핵심 콘셉트를 토대로 매력적인 컬덕(문화융합상품: cult-duct)을 창출하는 등 브랜드나 기업의 가치에 예술이 체화되어 아트 브랜드, 아트기업으로 진화하는 단계이다. 쌈지는 쌈지 아트 프로젝트를 통해 신진 작가의 해외전시를 지원하거나 국내 전시회를 열어 주고 다양한 예술작품을 쌈지 제품에 프린트하는 컬덕을 개발하였다.

③ 경영전략으로서의 문화마케팅

경영전략으로서의 문화마케팅은 예술을 기업문화, 조직문화, 직원교육, 복지, 인적자원관리 등 기업 전체의 경영전략으로 활용하는 것이다

LG생활건강은 화장품 브랜드의 세련되고 도시적인 이미지를 부각하기 위해 다양한 문화마케팅을 전개하고 있다. 한방화장품 브랜드 '후(后)'의 로고와 해금의 모양이 유사한 점에 착안해 화장품 컨설턴트 직원과 화장품사업부 마케팅팀 직원을 위한 감성교육 프로그램을 진행했다. 서울국악관현악단과 결연해 전국 8개 지역사업장의 직원을 대상으로 해금교육을 실시하고 직원의 공연을 지원함으로써 직원의 자부심, 기업 및 브랜드에 대한 충성도를

〈표 1-2〉 기업 문화마케팅의 세 가지 유형

유형	개념	기대 효과	사례
사회공헌전략으로서의 문화마케팅	기업의 부정적인 이미지를 극복하고 기업의 사회책임(CSR) 활동 추구	기업 이미지 제고 및 브랜드가치 구축	삼성전자의 볼쇼이 극장 후원
마케팅전략으로서의 문화마케팅	예술작품을 제품 디자인에 차용하거나 기업의 핵심 역량과 예술을 융합하여 기업가치를 예술로 체화하는 단계	기업과 예술가가 상호 호혜 관계로 파트너십 형성, 아트 기업의 이미지 구축에 도움	• 스와치와 백남준이 함께 만든 백남준 시계 • 쌈지 아트 프로젝트
경영전략으로서의 문화마케팅	예술을 기업문화, 조직문화, 직원교육, 복지, 인적자원관리 등 기업 전체의 경영전략으로 활용	기업의 문화적 소양 및 창의력, 만족도 증대	LG생활건강 한방화장품 '후(后)' 브랜드 마케팅

강화하는 성과를 거두었다.

이렇게 경영전략 유형은 예술을 조직문화와 직원교육 등에 활용하여 종업원의 문화적 소양 및 창의력 및 만족도 증대에 기여할 수 있다.

3. 문화마케팅의 등장배경

21세기는 문화의 시대라고 일컬을 정도로 물리적 · 기술적 힘의 경쟁력 강화는 감성적 · 문화적 경쟁력 지향으로 변화되고 있다. 소비자의 욕구도 개성화 · 다양화 추세로 변화하면서 소비자는 기능 위주의 제품이 아니라 심미적 · 감성적 욕구에 따른 상품과 서비스를 선택하고 있다.

이런 문화가치를 추구하는 가치관의 확산에 따라 개인의 레저와 문화생활의 중요성이 높아지고 문화적 소비가 늘어나고 있다. 2005년부터 국내에서 본격적으로 주5일 근무제가 실시되면서 국민의 문화적 욕구가 증대하였다. 주5일 근무제에 따라 문화에 대한 사회적 관심이 확산되면서 사회적 트렌드도 생산과 노동 중심에서 환상과 놀이가 중심이 되는 하이터치(high touch) 시대로 전환되고 있다.

사회·경제적 환경 변화는 기업의 문화마케팅 도입이라는 새로운 시대적 조류를 형성하였다. 문화라는 이슈는 기업이나 상품을 고객과 접목하는 매개체로서 문화마케팅을 도입하게 만들었다. 1990년대 후반부터 한류 열풍이 드라마와 영화의 발전, 게임과 공연시장의 성장, 케이팝의 확산 등으로 이어져 소비자의 기호를 감성적으로 변화시켰고, 기업도 소비자의 감성코드에 맞춘 마케팅전략을 펼치는 것이 중요해졌다.

2000년대 중반 이후 국내 문화시장에서 40~50대 중·장년층이 새로운 시장으로 등장하고, 노령인구의 증가 현상에 따라 문화마케팅을 통한 안정적인 고객층 확보를 위한 관객개발전략이 요구되었다. 기업의 입장에서 보면 문화마케팅은 과거 비영리적 측면으로 자선의 개념에 입각한 사회공헌 활동이었으나 오늘날에는 상업적 측면과 공익적 측면을 아우르는 전략적 마케팅이 되고 있다. 이에 따라 기업과 문화예술단체는 사업의 실행 목적과 수익을 창출할 수 있는지에 대한 전략적 검토 차원에서 문화마케팅의 중요성을 절감하였다.

이러한 상황에서 기업이나 문화예술단체는 소비자에게 문화적 욕구를 충족하는 제품이나 서비스를 제공하고 문화를 매개로 한 마케팅을 통해서 차별화·고급화를 추구하면서 신규수요를 창출하고 고객의 문화적 향수와 삶의 질을 높이는 데 기여할 수 있었다. 따라서 문화마케팅의 등장배경은 소비자의 소비패턴 변화, 문화산업에 대한 의식변화와 가치상승, 기업환경 변화에 따른 이미지 제고, 문화시장의 변화 등으로 정리할 수 있다.

4. 문화마케팅의 중요성

문화산업은 한 나라의 문화정체성을 확보하고, 국가 이미지를 높이는 요소로서 기업이나 정부는 국가전략사업으로 육성하는 것에 대해 중요성을 인식하게 되었다.

1990년 말 중국과 동남아시아에서 국내 드라마와 대중가요 등이 인기를 끌면서 한류 열풍이 일자, 문화산업의 중요성을 인식하였고, 문화콘텐츠가 시대를 대표하는 핵심 아이템으로 부상하였다.

최근 기업은 창조경영을 강조하는 분위기와 함께 창의적 직원, 창의적 기업문화 등에 대한 관심이 높아지고 있다. 기업이 창의성을 높이는 원천으로 기업경영에 문화예술을 접목하는 사례가 늘고 있다. 창의성은 아이디어, 재능, 기술, 관리, 생산과정 및 문화 등이 결합된 혁신과정에서 중요한 역할을 수행하는 등 문화산업은 물론 모든 경제 분야에 기여할 수 있다. 최근 화두가 되고 있는 창조경제❶에 대해 존 호킨스(John Howkins)는 "창조적 인간, 창조적 산업, 창조적 도시를 기반으로 한 새로운 경제체제로 창조적

---

❶ 박근혜의 창조경제는 존 호킨스의 개념과 달리 국민 개개인의 상상력과 창의성을 과학과 정보통신기술에 접목해 지금까지 없던 새로운 시장과 일자리를 만드는 것이라고 설명한다.

행위와 경제적 가치를 결합한 창조적 생산물의 거래"로 정의했다 (이민화·차두원, 2013). 이제 창의성이 비교우위 요소가 되고 문화경쟁력이 국력의 원천이 되고 있다.

기업의 문화마케팅은 광고를 활용한 문화코드에서부터 국내외에서의 기업 이미지 제고, 그리고 내부고객인 직원에 대한 문화복지에 이르기까지 다양한 형태로 이루어지고 있다. 삼성전자와 LG전자, SK텔레콤 등 대기업도 문화예술을 지원하는 협의의 관점을 넘어 브랜드나 기업에 문화를 체화하는 장기적이고 전략적인 관점의 문화마케팅으로 진화하고 있다.

이들 기업은 다양한 문화예술 활동 지원을 통해 사회복지를 위해 노력하는 '사회적 마케팅' 차원에서 문화마케팅에 접근하고 있다. 문화마케팅은 소비자, 기업, 사회복지 부문에서 필요한 요소로서 효과를 발휘할 수 있다. 기업은 경쟁사와 다른 이미지를 창출하는 데 도움을 얻으며, 매출 증대나 충성도 높은 고객 확보, 소비자의 감성적·문화적 욕구를 충족하여 시장우위의 입지를 구축할 수 있다. 종업원도 관계가 개선되며 혁신적·창의적 사고와 사기가 증진되어 생산성이 높아지는 효과를 기대할 수 있다. 결국 문화마케팅은 기업, 소비자, 종업원에게 혜택을 주는 동시에 문화예술 발전과 국민의 문화복지 향상에도 기여한다는 목적을 달성할 수 있다.

이와 같이 문화의 사회적 역할이 강조되면서 2000년대 중반 이후 문화예술 분야의 사회적 기업이 등장하였다. 문화예술 분야 제1호 사회적 기업인 노리단을 비롯하여 자바르떼, 한빛예술단 등과 같은 공공 문화예술기업이 설립되어 일자리 창출과 공익 서비스 실현으로 그들의 존재가치를 입증하였다. 특히 노리단은 사회

부적응 청소년이 폐타이어 등 재활용품을 활용해 만든 악기로 소외계층을 위한 공연을 하는 등 사회적 문화예술기업으로 자리를 잡아 가고 있다.

또한 특정 지역을 중심으로 문화클러스터를 만들어서 지역을 활성화하는 문화창작공간이 등장하였다. 서울 문래예술공단은 예술가가 재래산업공단의 쇠락지에 들어가 전시, 공연, 축제, 예술교육, 공공미술프로젝트 등 다양한 창작활동을 하면서 지역 활성화에 힘쓰고 있다.

전주 한옥마을 창작예술공간은 공예 · 시각예술 분야의 예술인과 문학작가를 입주시켜 창작, 연구, 전시, 작품 홍보활동을 통해 전통문화 활성화에 기여하고 있다.

앞에서 설명한 문화예술 분야의 사회적 기업이나 서울 문래예술공단 등도 지역사회 주민과의 상호 관계 형성, 공연수요자(고객)에게 문화예술 서비스를 제공하는 만큼 문화마케팅의 적극적인 도입과 활용이 필요한 시점이다.

예술의전당, 국립중앙박물관, 지자체 문화재단 등 막대한 공공자금을 수반하는 문화예술단체가 비효율적으로 운영되고 있다는 비판의 목소리가 높아지고 있다. 문화마케팅의 또 다른 주축인 비영리 조직이나 단체 등도 관리운영의 효율성을 높이고 소비자에게 질 높은 서비스를 제공하는 차원에서 문화마케팅이 중요해지고 있다.

이러한 문화예술단체도 생존을 위해 기관과 소비자 사이의 원활한 교환을 창출하기 위한 노력의 일환으로 문화마케팅 개념을 적극 도입하고 적용해야 한다. 문화예술단체는 정부나 기업의 지원에만 의존할 것이 아니라 전문 인력 운영과 관리운영의 효율화

[그림 1-2] 국내 최초 문화예술 사회적 기업 '노리단'의 공연 모습

를 꾀하고 적극적인 마케팅기법을 도입하여 자체적인 경쟁력을
갖추어야 한다.

이처럼 기업과 문화예술단체 모두의 인식이 전환될 때 문화마
케팅은 지속적으로 빛을 발할 수 있을 것이다. 기업은 문화마케팅
을 통해 기업정당성과 시장우위 확보, 종업원에게 혜택을 제공하
는 전략적 목표를 달성하고, 문화예술단체는 사람들의 삶을 풍요
롭게 만든다는 고유의 가치를 높여 서로 상생하는 형태로 문화마
케팅 활동을 전개하여야 할 것이다.

그러나 아직까지 국내의 문화마케팅은 이론과 실무가 체계화되
는 과도기 단계로, 소수의 기업과 문화예술주체(단체)가 문화마케
팅의 중요성을 인식하고 다양한 문화마케팅 기업의 개발과 도입
을 위해 노력을 기울이고 있다.

5. 문화마케팅 실무교육

우리나라 문화마케팅에 대한 연구는 1980년대 문화경영(예술경영) 도입에서 시작되어 1990년대 중반 문화경영에 대한 전문교육이 진행되었다. 예술경영(arts management)이란 용어는 1960년대 이후 미국의 경영학자가 예술활동과 예술단체 운영의 경영학적 비효율성에 주목하여 경영학적 접근을 시도하면서 사용되기 시작하였다.

기업의 문화마케팅 확산은 1990년대 초반 한국메세나협회가 설립되면서 본격적으로 시작되었다. 1994년 출범한 한국메세나협회는 문화예술 지원을 통한 사회공헌에 기여하는 기업을 회원사(2015년 6월 현재 232개)로 둔 비영리 사단법인으로 예술발전 세미나와 심포지엄, 예술단체 비즈니스 스쿨을 운영하면서 기업과 문화예술의 균형 발전을 위해 노력하고 있다.

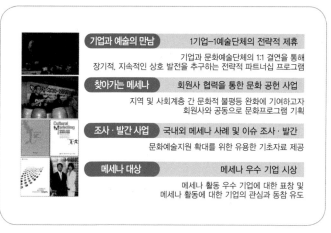

[그림 1-3] 한국메세나협회 주요 활동

2000년대 이후 한류와 케이팝의 열풍으로 문화산업에 대한 관심이 고조되면서 대학에서는 문화콘텐츠 관련 학과를 개설하여 문화마케팅, 마케팅조사방법론 등 문화경영 과목을 교과과정에 편성하였다.

문화경영학은 문화를 대상으로 문화 창조와 소비, 유통에 대한 연구를 하는 학문으로 문화마케팅, 문화연구, 문화경제학, 문화정책학, 문화관광학, 예술경영학 등을 포괄하는 학제적 접근이 필요한 학문이다. 문화마케팅은 문화를 매개로 마케팅을 결합하여 탄생한 융·복합 학문으로 관객 개발이나 문화소비자의 구매행동 등을 연구하는 데 초점을 맞추고 있다. 우리나라 문화경영 연구는 1980년대 문화경영(예술경영)에서 출발하였는데, 이 시기는 문화예술단체가 증가하면서 공공 및 민간 부문의 문화예술교육에 대한 관심이 높았다.

1990년대에는 문화경영에 대한 실천적 관심과 학문적 관심이 확대되어 문화정책, 예술경영, 문화관광, 문화계획 등의 분야에 연구가 집중되었다. 1990년대 말 이후 한국문화경제학회(1997년), 한국예술경영학회(2001년) 등 예술경영 관련 분야 학문공동체가 등장하였고, 문화경영 분야에 대한 연구 및 학술 활동이 활발해졌다. 2000년 이후 문화산업, 콘텐츠산업정책이 확대되면서 학문적 연구의 다양화 및 한류 연구에 대한 수요가 점차 늘어났다. 우리나라에서도 1990년대 중반부터 문화경영에 대한 전문교육이 시작되었다.

문화경영 교육은 대학이나 대학원에서의 이론교육과 사설교육기관의 실무교육으로 이원화되어 진행되었다. 문화마케팅에 대한 전문교육은 1989년 단국대학교 경영대학원 경영학과에 예술경영

전공과정이 개설된 것이 시초였다. 1995년에는 한국예술종합학교 무용원과 성균관대학교 공연예술협동과정에서 예술경영 전공과정을 개설하였다. 이후 홍익대학교(1998년, 미술대학원 예술기획전공), 숙명여자대학교(1998년, 정책대학원 문화예술행정전공), 서울시립대학교(1999년, 도시과학대학원 공연예술행정전공), 경희대학교(1999년, 경영대학원 문화예술경영학과), 추계예술대학교(1999년, 예술경영대학원/2005년, 문화예술경영대학원) 등에 예술경영 관련 전공과정이 개설되었다(용호성, 2011). 각 대학은 문화예술마케팅, 문화연구조사방법론, 엔터테인먼트마케팅, 예술마케팅 등 다양한 과목을 개설하면서 본격적인 문화마케팅 교육을 실시하였다.

성균관대학교와 숙명여자대학교는 10주 이내 단기과정의 문화마케팅 실무자과정을 개설하였다. 실무자과정은 문화 전문가를 초청하여 특강 형식으로 문화마케팅에 대한 지식 습득을 돕고 각 분야의 문화마케팅 성공 사례를 연구하는 등 문화단체 전문가를 양성하는 데 초점을 맞추었다.

이처럼 여러 대학이 문화마케팅 교육과정을 개설하였으나 교과과정이나 문화산업의 현장을 제대로 반영하지 못하였다. 이런 교육과정의 부족한 부분을 사설교육기관이 문화상품을 기획하고 마케팅 전략을 수립하는 실무적 기법을 선보이면서 대학교육을 보충하기 시작하였다.

사설교육기관의 교육은 마케팅 컨설턴트가 담당하거나 신문사, 사단법인 등이 문화사업 기획이나 축제, 공연, 지역문화 등 성공 사례를 분석하는 실무 차원에서 접근하고 있다.

한겨레신문은 축제기획과 지역문화마케팅 실무, 공연기획마케팅 실무 등의 과정을 개설하여 문화예술 종사자에게 비즈니스 관점에서 문화상품을 기획하고 상품화하는 실무 교육을 진행하였다.

한국생산성본부는 2005년 '브랜드자산 구축을 위한 문화마케팅 전략'이란 과정을 개설하여 문화마케팅의 이해와 문화마케팅 기반의 브랜드 경영을 습득하여 효과적인 문화마케팅전략을 수립하는 실무자 전문과정을 실시하였다.

서울아트스쿨 문화예술원은 6개월 과정의 '공연기획자과정'을 개설하여 공연예술 분야 실무교육을 통한 공연전문가를 양성하고 있다. 또한 3개월 과정의 기업문화마케팅 담당자를 대상으로 한 문화마케팅 실무 사례 강의를 개설하여 문화마케팅 전반에 대한 이해와 스토리텔링마케팅을 현장에 적용할 수 있도록 교육하고 있다. 서울아트스쿨은 2001년부터 문화마케팅 전문가과정을 개설한 이후 지금까지 1000여 명의 수료생을 배출하였다.

그러나 이런 사설교육기관 과정은 대부분 10주에서 6개월의 단기과정으로, 문화경영에 대한 단편적인 지식을 주입하고, 교육비로 수십만 원에서 수백만 원을 받는 등 상업적 기반의 교과과정으로 진행되고 있다. 사설교육기관의 강사 중에는 문화마케팅 분야 전공자가 드물고, 대부분 자신의 전문분야에 대한 실무적인 강의에 그치고 있어 부실교육의 우려를 낳고 있다.

현재 우리나라 대학과 사설교육기관을 중심으로 문화경영과 문화마케팅 분야의 교육이 활발히 진행되고 있다. 미래에 가장 유망한 직업 중 하나는 문화콘텐츠를 발굴하고 기획하여 상품화하는 문화콘텐츠개발기획자, 문화컨설턴트, 문화마케터이다. 우리나라도 새로운 문화를 발굴하고 콘텐츠로 기획하는 1인 문화기획자가 출현하면서 문화마케팅 분야에 대한 관심이 높아지고 있다. 그러나 현재 상황은 대학과 사설교육기관이 문화마케팅의 심층 이론과 마케팅 실무전략 수립 등 문화마케팅에 대한 체계적이고 과학적인 교육을 제시하지 못한 채 근시안적이고 단편적인 시각에서 접근하는 한계를 드러내고 있다.

문화기업의 사명과 사업 영역

문화기업의 사명과 사업 영역

1. 기업 사명과 비전 설정

마케팅의 첫 번째 단계는 기업 사명(mission)과 비전(vision)을 설정하는 것이다. 사업 영역을 설정하기 위해서는 우선 우리 회사 (조직)는 어떤 회사이고, 무엇을 할 것인가에 대한 사명과 비전을 설정하여야 한다. 기업 사명은 외부 관점에서 기업이 활동할 사업 영역을 설정하는 공식적인 선언문이라면, 비전은 내부 관점에서 기업의 미래 모습을 제시하는 것이다.

비전은 기업의 사명과 비슷한 개념이고 실제로 혼용되고 있다. 비전은 기업이 미래에 달성하고자 하는 모습이며, 사회 속에서 미래의 꿈을 실현하기 위해 기업이 갖추어야 할 역할과 발전의 기본 방향을 구체화한 것이다.

이와 달리 사명 혹은 미션은 해당 기업이 다른 기업과 차별화되고 그 활동 영역을 규정해 주는 것으로서 기업의 존재 의미와 목적을 나타내는 것이다. 문화예술 분야에서 사명은 예술단체가 활동하는 이유, 사회에 대한 기여가치, 궁극적인 지향점을 뜻한다. 따라서 문화예술단체 종사자는 기관의 사명과 비전을 명확하게 인지하고 있어야 한다.

기업 사명은 기업이 성취하고자 하는 중·장기적 목표에 대한 서술로 경영자와 직원은 물론 고객이나 이해관계자와 공유하기 위하여 기업 사명을 개발해야 한다.

예컨대 우리나라 최고 기업인 삼성전자의 경우 기업 사명을 "인간의 삶을 풍요롭게 하고, 사회적 책임을 다하는 지속 가능한 미래에 공헌하는 혁신적 기술, 제품 그리고 디자인을 통해 미래 사회에 대한 영감을 고취한다."라는 선언문을 통하여 직원에게 기업의 목적과 방향에 대한 공감대를 이끌어 내고 있다. 또한 비전은 "미래사회에 대한 영감, 새로운 미래 창조"하는 기업으로 설정함으로써 삼성전자가 혁신적인 IT·생활가전제품을 만들어 고객에게 스마트한 라이프스타일을 즐길 수 있도록 하는 회사라는 미래의 모습을 제시하고 있다.

기업 사명을 설정하면 기업 목표를 설정하여야 한다. 목표는 현실적이고, 달성이 가능한 것이어야 한다. 삼성전자의 경우 정량적 목표로 매출 4000억 달러 돌파, IT업계 1위라는 구체적인 목표치를 제시하고, 정성적 목표로 혁신적인 기업, 존경받는 기업 세계 10위, 신규 시장을 만드는 창조적 리더, 세계 최고의 인재가 일하고 싶어 하는 기업 등으로 달성 목표를 구체화하고 있다.

문화기업의 사명을 정립할 때 세 가지 차원에서 조직의 범위를 설정하는 것이 필요하다. 첫째는 예술감독, 연주자, 관객 등 충족 대상인 고객집단이고, 둘째는 충족시킬 고객욕구, 예컨대 관객의 오락, 영감, 교육 중 어디에 목표를 두어야 할 것인지의 문제이고, 셋째는 고객욕구의 충족방법인 기술의 문제이다. 예컨대 여름 페스티벌의 경우 편안한 분위기에서 관객의 즐거움을 자아내는 방법을 고안해야 한다. 자라섬 국제재즈페스티벌에서는 경기도 가

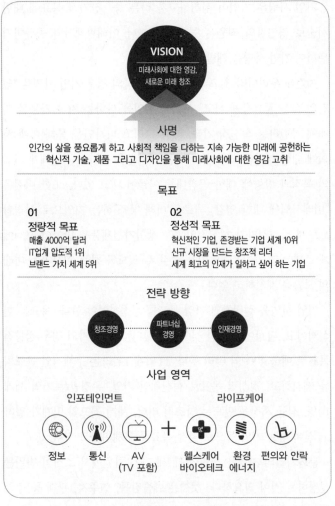

[그림 2-1] 삼성전자의 기업 사명과 비전 설정

평을 찾는 관광객과 주민에게 길거리 공연의 일종인 '버스킹(Busking)' 공연을 선보이며 관객과 호흡하고 관광객에게 볼거리의 선택 폭을 넓히는 문화향유의 기회를 마련하고 있다.

사명을 수립한 뒤 그 달성과정에서 추구해야 할 구체적인 내용이 목표(corporate objectives)가 된다. 따라서 기업 목표는 수익성, 투자수익률, 시장점유율 등과 관계가 있으며, 이를 설정할 때는 현실적이고 달성 가능한 목표여야 한다.

예를 들어, PMC 공연업체가 중국 관광객(요우커)을 전해보다 30% 정도 더 늘리겠다거나 1년 이내에 투자수익률을 10%에서 20%로 높이겠다는 식으로 구체적인 목표치를 제시하여야 한다.

2. 문화기업의 사업 영역 설정

문화기업은 소비자의 시간과 돈을 쟁취하기 위해 치열한 경쟁을 벌여야 하기 때문에 그들의 사업 목표와 범위를 소비자의 욕구충족에 맞추어 설정하고 있다. 특히 과거 제조 기업에서 현재 문화콘텐츠 기업으로 탈바꿈하는 사례가 점차 확대되는 추세이다. 과거 하드웨어 기업인 소니를 비롯해 GE, 애플, MS, NTT도코모 등이 현재 복합미디어 기업으로 재편되고 있다.

엔터테인먼트 기업은 생존을 위해서 자사의 사업 범위를 명확히 규정함으로써 과거 할리우드 영화사가 범한 '마케팅 근시(marketing myopia)'에서 벗어날 수 있었다. 마케팅 근시는 미국 하버드 대학교 경영대학 테오도르 레빗(Theodore Levitt) 교수가 제시한 개념으로 관련 기업이 스스로의 사업 범위를 좁게 규정함으로써 빠지는 오류를 의미한다.

실제로 1960년대 할리우드 영화사는 근시안적 기업목적을 설정한 탓에 텔레비전에 의해 시장을 잠식당하는 결과를 낳았다. 그

당시 영화산업이 텔레비전에 대응하지 못하고 장기간 침체한 것은 그들의 주된 비즈니스를 오락 제공보다는 영화 제작에 국한했기 때문이다.

처음 텔레비전이 광범위하게 보급되던 1950년대는 영화산업이 사양길에 접어들 것이라는 성급한 판단을 내리기도 했지만, 이후 1960~1970년대에 할리우드가 텔레비전 프로그램 제작과 방송국 인수에 착수하여 그것을 영화의 2차 배급 통로로 활용하면서 큰 위기를 극복하였다. 미국 영화산업은 새로운 미디어와 테크놀로지가 등장할 때마다 더 확대된 창구, 즉 지상파와 케이블TV, 인터넷 스트리밍 서비스 등 배급 경로를 확보하면서 돌파구를 찾았다.

또 다른 마케팅 근시 사례는 우리나라 만화잡지 시장에서 볼 수 있다. 우리나라 만화책과 만화잡지 시장도 2000년대 이후 발행 부수의 감소로 침체되는 듯 보였다. 만화책은 초판 발행 부수가 1990년대에 2만 부, 2000년대에 1만 부, 현재는 5000부 이하로 줄어들었는데, 2000년부터 디지털 시장의 발달로 단행본 발행 부수가 급격히 감소했다.

하지만 2000년대 초반 네이버, 다음 등의 온라인 포털이 재능 있는 작가를 발굴하여 웹툰 서비스를 시작하면서 웹툰은 침체된 만화책과 만화잡지의 대체재가 되어 새로운 형태의 만화 배급통로로 활용되었다. 국내 웹툰 플랫폼이 국내 시장 안착에 이어 일본, 중국, 동남아 등 해외에 진출하면서 '웹툰'이 새로운 한류 콘텐츠로 떠오르고 있다. 결국 출판시장의 규모가 급감하면서 만화책과 만화잡지 시장도 사장되는 듯 보였지만 디지털 기술과 접목한 대체재를 개발하여 웹툰이라는 새로운 배급 통로를 확보함으로써 전체 만화시장의 파이를 키우는 효과를 거두었다.

식음료회사에서 출발하여 문화창조기업으로 변신한 우리나라의 CJ그룹은 마케팅 근시에서 벗어난 대표적인 기업이다. 1953년 식음료 제조업체인 제일제당에서 출발한 CJ는 1990대 케이블TV 진출(m.net, tvN 등) 및 멀티플렉스 극장 CGV 개장, 홈쇼핑 CJ 오쇼핑 진출을 통해 생활문화 콘텐츠라는 효용에 맞추어 사업 범위를 확장하였다.

CJ그룹은 2012년 기업광고를 통해 "문화를 만듭니다, CJ"라는 슬로건으로 문화기업임을 강조하였다. 즉, CJ그룹은 주요 사업 영역인 음식, 영화, 음악, 쇼핑, 유통 등 단순히 먹고 즐기는 데서 그치는 것이 아니라 식문화, 콘텐츠 등 '생활문화를 세계로 전파하는 문화창조기업'으로 도약할 수 있었다.

결국 CJ그룹은 그들의 사업 범위를 식음료 및 미디어 기업이라는 생산주도적 사고에서 벗어나 유연한 사고와 끊임없는 혁신으로 비즈니스의 본질을 생활문화 콘텐츠 영역까지 확장하여 세계에 한류를 전파하는 문화기업으로 규정함으로써 국내 최고의 문화기업을 자리하고 있다.

우리나라 3대 엔터테인먼트 회사인 YG엔터테인먼트는 기존 음반산업에서 나아가 OSMU(one-source multi-use)전략을 통해 오락콘텐츠 비즈니스 기업으로 사업 영역을 개척하였다. 기존 사업인 음반, 콘서트와 함께 디지털음원, 광고, 방송, 캐릭터, 게임 등으로 사업을 다각화하였다. 더욱이 YG는 케이팝 시장이 단순히 성장을 지속할 것이라 보지 않고 힙합클럽 'nb' 개장, 빅뱅의 상품화(모바일게임 캐릭터 개발), YG랜드 투자 등 고객을 만들어 내는 가치 만족을 추구해 왔다.

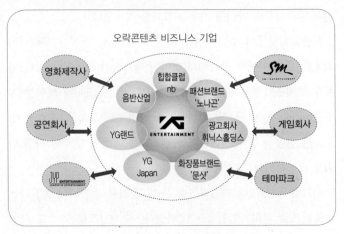

[그림 2–2] YG엔터테인먼트의 사업 영역

　　YG의 핵심가치는 엔터테인먼트회사로서 고객의 '재미(fun)와 흥미'라는 가치를 상품화하여 큰 성공을 거두는 것을 목표로 삼고 있다. YG는 2011년부터 일본, 중국 등 전 세계를 순회하는 YG 패밀리 콘서트를 진행해 왔고, 2014년 3월 캘리포니아 주 더 소스 (The Source)에 콘텐츠 인프라시설인 'YG랜드'를 설립하겠다고 발표하였다. 결국 YG는 사업 범위를 음반산업에만 한정하지 않고 동일한 효용을 가진 연예매니지먼트, 게임, 캐릭터, 테마파크 까지 진출함으로써 엔터테인먼트회사로서 도약할 수 있었다.

　　PC 제조회사에서 출발한 애플은 소프트웨어, 미디어, 홈엔터테 인먼트 중심의 미디어 플랫폼 회사로 변신해 마케팅 근시에서 벗 어날 수 있었다. 애플은 사업 영역을 HP, 델 컴퓨터와 같은 컴퓨 터 제조회사로 규정하지 않고 경쟁상대를 IT기업이나 미디어기업 으로 보고 아이팟, 아이폰, 애플TV 등의 혁신적인 디지털 상품을 선보이며 트렌드를 선도하였다. 즉, 애플은 하드웨어 기업에서 벗어나 소프트웨어, 미디어, 홈엔터테인먼트, 휴대전화를 다루는 미디어 플랫폼 회사로 거듭났다. 특히 2500만 대를 판매한 애플TV는 외출 시 음성으로 전원을 끄거나 집 안 활동을 제어하는 스마트홈 사업의 핵심 단말기 역할을 담당하는 등 디지털 혁신회사로 변신하고 있다.

이처럼 마케팅 근시를 제시한 테오도르 레빗은 제반 사업 활동이 핵심 업무로 사명의 개념을 정립하고, 동일한 효용을 제공하는 다른 기업과 경쟁을 인식하여야 한다고 주장했다(Levitt, 1975).

그는 근시안적이고 생산지향적인 산업에 대한 정의는 지양해야 한다고 주장하면서 산업에 대한 정의를 내릴 때 생산 이면에서 내일의 경쟁자가 될지도 모르는 현재 경쟁자 이면의 모습을 살펴보라고 강조한다. 가장 중요한 점은 소비자의 기본적인 효용에 초점을 맞추어 경쟁에 뛰어드는 신규 진입자를 감시하거나 대체재의 위협을 인식하는 것이다.

앞에서 언급한 영화산업처럼 할리우드가 그들이 속한 산업을 영화지향적이 아닌 오락지향적 고객을 생각하는 마인드로 접근했다면 마케팅 근시에 빠지지 않고 고객의 욕구에 대응하여 새로운 사업에 진출하여 성공을 거둘 수 있었을 것이다. 이는 문화마케팅 측면에서 자사의 경쟁자를 폭넓게 보고 시장을 분석하는 통찰력이 필요하다는 교훈을 주는 사례이다.

따라서 문화콘텐츠 기업은 단순히 제품을 생산하는 것에 머물 것이 아니라 고객의 욕구를 철저히 분석하여 사업 범위를 명확히 설정하고, 경쟁자와 대체제품을 포괄적으로 살펴서 소비자의 욕구를 충족하고 기업의 이윤을 극대화할 수 있는 길을 모색해야 한다.

문화소비자의 특성과 행동분석

문화소비자의 특성과 행동분석

주5일 근무제의 확산과 소비자의 소득 수준의 향상에 따라 소비자는 경제적 소비자가 아닌 문화적 소비자로서 감성적인 욕구와 상징적 욕구를 충족할 수 있는 상품을 선호하게 되었다. 우리나라 문화시장의 규모가 확대되고 문화상품 소비가 활성화되면서 이제 관객이라는 말보다 '문화소비자'라는 용어가 친숙해지고 있다.

문화소비자는 문화상품을 소비함으로써 주관적인 만족을 느끼는 효용(utility) 차원과 심미적 가치를 향유할 수 있게 해 주는 쾌락(hedonic) 차원에서 소비행동에 중점을 둔다. 최근 문화소비자에 대한 행동연구는 소비행동의 기본 전제이던 합리성이나 효율성이라는 개념에서 소비행동을 할 때 미적 가치를 우선적으로 추구하는 심미적 소비행동으로 진화하고 있다.

흔히 문화소비자의 유형은 다양하게 분류할 수 있지만, 일반적으로 소비자의 삶의 질을 높일 수 있는 매체의 사용 정도에 따라 애호가, 열광자, 광신자, 적극적 생산자(프로슈머) 등으로 구분할 수 있다. 본문에서는 애버크롬비와 롱허스트(Abercrombie & Longhurst, 1998)가 제시한 문화소비자의 다섯 가지 유형을 중심으로 설명하도록 하겠다.

1. 문화소비자의 개념과 유형

문화예술을 향유하는 문화소비자는 전 세계 문화 관련 정보에 노출되어 있으며 편견 없이 다양한 문화에 관심을 두고 경험하기를 원한다. 특정한 문화행사에 참여하는 것을 특별하게 생각하기보다 매우 일상적인 취미생활로 여기며 전문가 못지않은 평가도 내릴 수 있을 만큼 높은 관심과 지식을 가진다.

문화소비자는 제한된 시간과 돈을 갖고서 문화상품을 소비했을 때 느끼는 주관적 만족도가 각기 다르다.

이러한 문화소비자는 문화산업 주체(문화예술인)가 문화상품을 구매하거나 체험하는 집단으로 일반적으로 '문화향수자'를 의미한다. 문화소비자란 개념은 20세기 대중매체의 발전에 따라 대중을 대상으로 한 예술 활동이 활발해지고 영리 추구를 위해 조직된 기업이 문화상품의 생산에 개입하면서 등장하였다. 이에 따라 문화소비자는 이윤 극대화를 추구하는 자본논리의 지배를 받으면서 관객, 관람객, 독자, 수용자, 소비자 등으로 불려 왔다.

예술가의 전시나 공연에 참여하는 대중은 관람객(visitor)과 관객(audience)으로 구분한다. 관람객은 시각예술의 소비자이며 관객은 공연예술의 소비자이다.

또한 대중매체가 사회·문화적으로 미치는 영향력이 커지면서 대중매체의 이용자를 흔히 '수용자'라고 부른다. 신문이나 잡지와 같은 인쇄매체 수용자는 독자, 연극이나 영화의 수용자는 관객, TV 방송의 수용자는 시청자로 지칭한다.

이들 문화소비자는 다양한 문화상품을 즐기거나 기업의 문화예술 지원(문화마케팅)을 향유할 기회를 제공받아 삶의 질을 높인다. 이들 소비자는 매체 사용모델에 따라 소비자, 애호가, 열광자, 광신자, 적극적 생산자(프로슈머) 등으로 구분할 수 있다. 매체 사용모델은 애버크롬비와 롱허스트(1998)가 제시한 개념으로 매체 관객 구성원을 관람 동기나 다른 각 개인의 집단으로 분석하기보다 자발적 커뮤니티 형태로 분석하였다. 그들은 이 커뮤니티를 선택하는 매체의 관여도에 따라 애호가에서 광신자까지 연속선상에 있으며, 연속선상의 관객층과 매체 관계는 다음과 같다(보니타 M.콜브, 2005).

우선 소비자는 비체계적인 취향을 가지고 매체를 소량 사용하는 일반적 패턴을 가진다. 소비자는 여러 종류의 매체나 콘텐츠를 자유롭게 선택한다. 박물관 전시를 예로 든다면 문화소비자는 일요일 오후에 여가활동으로 박물관을 관람하는 집단이다.

애호가(fan)는 특정 스타나 프로그램에 애착을 가지고 자주 그리고 집중적으로 매체를 사용한다. 그들은 프로그램을 선택할 때 과거에 즐긴 특정 내용에 기반을 두고 선택한다. 문화애호가는 특정 작가나 전시를 보기 위해 부가 비용이나 불편을 감수한다. 예를 들면 고흐의 전시를 찾아서 관람하는 집단이다.

열광자(cultist)는 매우 전문적으로 스타나 프로그램을 선택하며 매체 사용량이 많다. 그들은 문화를 특별한 이벤트가 아닌 일상으로 즐기는 문화 마니아층으로 밥은 굶어도 보고 싶은 공연이나 전시, 영화는 꼭 봐야 직성이 풀리는 집단이다. 이들 열광자는 팬클럽, 동호회와 같은 커뮤니티를 형성하려는 욕구가 있다는 면에서 소비자나 애호가와는 구분된다. 문화열광자는 미술관 회원에 가입하고 고흐에 관한 교육 프로그램에 자발적으로 참여하는 집단이다.

광신자(enthusiast)는 특정 스타나 프로그램에 대한 애착은 없이 일반적으로 매체를 하나의 예술형식으로 평가한다. 그들은 매체와 제작자에 대한 지식 수준이 매우 높다. 문화광신자는 인상파에 대해 연구하며, 고흐 작품을 전시하는 해외미술관을 관람한다.

연속선의 끝에 있는 적극적인 생산자(prosumer)는 관여도가 매우 높아 스스로 생산과 소비 과정에 직접 참여하고 콘텐츠를 생산·공유한다. 그들은 관심사를 중심으로 사회생활을 하는 것으로는 만족하지 않고 가능하면 매일 매체에 대한 관심사를 나눌 수 있는 사람들과 관련된 직업을 찾으려 한다. 적극적인 문화생산자는 고흐의 직품을 직접 수집하거나 직접 모사하는 집단으로 설명할 수 있다. 그들은 생산과 소비 과정에 직접 참여하는 생산적 소비자인 프로슈머(prosumer)의 성향을 보인다.

경영학에서는 고객을 충성도에 따라 '의심고객(suspects)', '잠재고객(prospects)', '일반고객(customers)', '단골고객(clients)', '옹호고객(advocates)'의 다섯 가지 유형으로 구분한다. 공연장은 낮은 충성도의 고객을 높은 충성도의 고객으로 유도해야 한다. 마케팅 전문가는 "충성도 사다리(loyalty ladder)"(Bernstein, 2007)에 따라 낮은 칸부터 높은 칸까지 사다리의 각 칸에 소속된 다양한 충성도의 고객층마다 눈길을 끌 수 있는 마케팅 방법을 설계한다. 따라서 충성도 사다리가 낮은 의심고객부터 잠재고객, 일반고객, 단골고객 단계를 거쳐 충성도가 가장 높은 옹호고객까지 특별행사, 보상제도, 공연예고제, 티켓예약, 데이터베이스 마케팅 등 다양한 방법을 사용하여 충성도를 높이는 것이 중요하다.

이와 같이 문화예술상품에 대해 소비자를 세분화하여 홍보하고 혜택을 주고 쉽게 접근할 수 있도록 배려하는 '고객지향적 마케팅' 접근방법이 필요한 시점이다.

2. 문화소비자의 관여와 구매행동

관여(involvement)는 소비자가 구매과정에 깊이 개입하는 정도를 말한다. 즉, '관여도'란 한마디로 상품에 대한 소비자의 관심도, 중요도를 의미한다. 소비자의 관여가 높아질수록 소비자는 구매와 관련된 정보에 주의를 기울이고, 정보를 이해하고 정교화하는 데 훨씬 더 집중한다.

관여도에 따른 의사결정 유형은 고관여 의사결정과 저관여 의사결정으로 분류할 수 있다. 관여도가 높은 제품에 대해서는 소비자가 제품 사용에 따른 혜택을 극대화하고 위험을 최소화하려는 분명한 의지를 갖고 구매결정을 한다. 이와 달리 관여도가 낮은 제품에 대해서는 단순한 편의성이나 가격 등에 따라 짧은 순간에 구매결정이 이루어진다.

예를 들어 소비자가 고려하는 제품이나 서비스가 비싸고 사회적으로 눈길을 끌며 구매에 따른 위험이 있을 때는 소비자 관여가 일반적으로 증가한다. 실제로 비싼 가격의 뮤지컬을 관람할 때처럼 주변 동료나 친구 등에게 물어보거나 구매를 선택할 때까지 많은 시간과 노력을 들이면서 구매과정에 깊이 관여할 때에는 고관여 상품이라고 한다. 흔히 관여 수준에 영향을 미치는 요인으로는 소비자 자신, 제품의 특성, 상황적 요인이 있다. 하지만 관여도의 주체는 어디까지나 개별 소비자이므로 특정한 시공간과 주어진 상황에 따라 관여도는 얼마든지 달라질 수 있다. 여기에 개인의 가치관, 성격, 라이프스타일, 지적 수준, 당대의 유행이나 트렌드 등도 중요한 변수로 작용한다.

예를 들어 뮤지컬 마니아인 직장인 천송이 씨는 몇 달 전부터 친구들과 적금을 들어 〈노트르담 드 파리〉 오리지널 방한 공연 VIP석 티켓을 20만 원에 구입하였다. 이 경우는 관여 수준이 소비자의 자아에 대한 이미지와 가치관에 영향을 미친 것이다. 천송이 씨는 프랑스 오리지널팀이 방한하여 실연하는 빅토르 위고 원작의 〈노트르담 드 파리〉를 감상할 수 있는 기회를 얻기 위해 비싼 가격의 티켓을 구매한 것이다.

제품의 특성상 가격이나 대체재가 존재하는 경우도 있다. 친구와 영화를 보기 위해서 영화관에 간 대학생 도민준 씨는 마땅히 취향에 맞는 영화가 없어 인근 대학로 소극장에서 연극을 관람하기로 결정하였다. 이때 영화와 연극은 기분전환 또는 즐거움 측면에서 비슷한 효용을 제공할 뿐만 아니라, 가격 면에서도 큰 차이가 없었다. 이런 경우 연극과 영화는 상호보완적 성격과 대체재 성격을 동시에 가진다.

연극과 영화, 대중음악 콘서트, 스포츠 관람 등은 대중문화적 특성을 갖는 점과 연관되는 것으로 보인다. 이들 문화상품끼리는 대체재 성격이 강하지만 소비자는 구매과정에서 가격이나 위험도, 상황에 따라 의사결정이 신중해지거나 덜 신중해질 수 있다. 문화상품은 대부분 가끔씩 구매하고, 매우 높은 자아 표현적 제품 특성을 갖기 때문에 긴 시간을 생각하며 다양한 정보를 수집하는 '고관여 상품'으로 간주할 수 있다.

상황적 요인은 제품 구매의 목적, 구매에 투입할 수 있는 여유 시간이나 노력으로 그 정도에 따라 관여 수준이 달라질 수 있다. 제품의 구매 목적이 애인 천송이 씨의 생일선물을 위한 것이라면 직장인 도민준 씨는 일단 주변 동료에게 어떤 공연이 적합한지 추천을 받을 것이고, 티켓 사이트에 들어가 공연의 가격 및 시간대 등을 살펴볼 것이다. 이럴 경우 구매가 이루어지는 상황이나 맥락에서 구매에 투입하는 시간이나 노력이 더 들어가기 때문에 고관여 상품이라고 할 수 있다.

소비자 관여도는 개인의 성격, 라이프스타일, 유행이나 트렌드 등의 영향을 받기 때문에 절대적 개념이 아니라 상대적 개념이다. 따라서 기존의 고관여 제품을 저관여 제품으로 탈바꿈하는 것도 얼마든지 가능해진다. 예를 들어 고관여 제품이던 뮤지컬이나 콘서트는 소비자에게 문화향수 기회를 제공하기 위해 공연 입장료 가격을 대폭 낮춘 저관여 제품으로 변신하고 있다. 세종문화회관이 2007년부터 추진하고 있는 '천원의 행복' 프로젝트가 대표적인 사례이다. 이처럼 '천원의 행복' 공연은 전통적인 고관여 제품을 저관여 제품으로 인식을 바꾸어 경쟁제품과의 차별화를 추구하고, 소비자의 구매패턴에 변화를 꾀하고 있다.

3. 문화상품의 쾌락적 소비

문화상품 소비 모델에서는 소비자를 느끼는 사람(feeler)으로서 쾌락과 경험추구적 객체로 본다. 사람은 특정한 제품이나 서비스에 대해 즐거움, 흥분, 환상적 느낌 등을 덧붙이는 주관적 소비성향을 보이며, 과거의 소비 경험과 즐거움에 대한 기대와 관련한 정서적 느낌을 추구한다. 이 관점에서 소비자는 미적 제품(영화, 오페라, 소설, 뮤지컬 등)이 창출하는 감각, 느낌, 이미지와 감정 등을 위해 제품을 경험적으로 소비한다.

이 같은 경험적 소비에 관한 연구는 1982년 홀브룩과 허시맨 등이 활발히 연구하였다. 홀브룩(M. Holbrook)과 허시맨(E. Hirshman)은 「쾌락적 소비(The Experiential Aspects of Consumption)」라는 논문에서 쾌락적 소비는 실용적 소비보다 주관적이고 개인이 생각하는 오락성이나 감정적인 유용성의 경로를 반영하며 재미와 즐거움뿐만 아니라 기분전환, 자유, 현실도피 등도 포함한다고 주장했다. 특히 문화상품의 소비는 쾌락적 가치를 추구하는 소비성향이 강하고, 문화상품의 구매과정은 고관여 상품을 구매하는 패턴을 보인다고 설명한다.

소비자 연구에서 쾌락적 소비는 환상을 만들어 내고, 새로운 감각을 느끼며, 감정적 각성을 얻기 위해 제품과 서비스를 사용하려는 소비자의 욕구를 말한다(Holbrook & Hirschman, 1982).

쾌락적 소비연구는 행위예술(오페라, 발레, 현대무용), 조형예술(회화, 사진, 조형, 디자인), 대중문화(영화, 콘서트, 패션쇼)를 연구 대상으로 삼는다. 소비자는 사랑, 즐거움, 환상, 혐오, 화, 두려움 등과 같은 다양한 감성을 경험하기 위해서 쾌락적 상품을 추구할 수 있다. 이러한 감성을 경험하기 위해서 선택하는 제품이나 서비스는 상징적 가치와 감성적 욕구가 효용적 동기보다 때로는 더 우세하다.

쾌락적 소비 제품군은 다음과 같은 특징을 가진다.

첫째, 쾌락적 소비제품이 정서와 관련된 것으로 영화나 콘서트, 연극, 소설처럼 복합적인 환상을 일으키거나 소비자에게 깊이 내재하는 정서적 욕구를 충족해 준다.

둘째, 제품의 소비에는 정신적 행동을 유발하고 요구한다. 예를 들어 발레를 감상하기 위해서는 다감각적인 이미지를 사용하고 정서적인 활동이 필요하다. 즉, 소비자는 문화상품을 소비할 때

미각, 후각, 청각, 시각, 촉각 등 오감을 포함한 다양한 감각적 자극에 반응하며 내부에서 발생하는 다감각적 이미지에 의해 소비 태도가 호의적으로 변한다.

셋째, 제품의 유형적인 속성보다는 상징적 요소가 선택의 원인이 된다. 소비자는 문화상품을 구매할 때 객관적인 실체의 제품이나 서비스를 사는 것이 아니라, 주관적 상징의 제품이나 서비스를 사기 때문에 문화상품에서의 상징적 의미는 매우 중요하다. 소설이나 연극의 경우는 소비자를 그들이 갈망하는 세계로 인도해 주거나 혹은 유쾌하지 못한 정서적 딜레마를 해결해 주는 기능 때문에 선택되는 경우가 많다.

결국 쾌락적 상품은 심미적이거나 감각적인 기쁨, 환상, 즐거움을 가진 감정적이고 감각적인 경험으로 특징지어지는 소비상품이다. 쾌락적 소비는 제품의 상징적 가치와 관련성이 깊다. 상징성에 근거한 쾌락소비의 경우 제품은 객관적인 실체일 뿐만 아니라 정서 및 사회적 의미의 표시이기도 하다(양윤, 2014).

쾌락적 상품 소비는 공연관람과 같은 문화생활에서 자기만족도를 높이기 위한 '가치소비'와 일맥상통한다. 최근 '밥은 굶어도 뮤지컬은 본다'는 말이 있듯이 20대 후반 싱글 여성은 자신의 만족을 위해서 다소 비싸더라도 고가의 뮤지컬 티켓을 구매하는 성향을 보이고 있다. 이런 가치소비 성향을 추구하는 사람은 개인별로 가치를 두는 제품에 과감한 투자를 아끼지 않고 문화상품의 소비에서도 자기만족적인 성향이 강하다.

클래식 음악회, 연극, 영화, 콘서트, 댄스음악, 스포츠 관람 등은 가치소비를 추구하는 쇼핑 행동으로 소비자는 이 같은 엔터테인먼트 상품 구입을 상징소비나 이미지 소비로 인식한다. 이 같은 쾌락적 · 경험적 관점에서 소비자 행동연구는 소비자의 구매행동이 합리적 · 논리적 인지뿐만 아니라 정서적 동기에서 이루어진다고 본다. 이 관점은 소비자가 정서적 동기에서 구매행동을 하며 소비과정에서 즐거운 느낌을 경험하고자 한다고 전제한다. 물리적 특성보다는 사랑, 긍지, 지위, 환상, 즐거움 등을 표현하는 주관적인 정서적 가치가 중요시된다. 결국 쾌락적 소비를 동반하는 문화상품을 파는 기업은 소비자의 감성과 잠재의식을 먼저 파악하고 이를 바탕으로 제품과 서비스를 개발해 시장을 주도해야 할 것이다.

●● 용어 정리

가치소비 현대인의 소비성향에서 두드러지는 현상으로 자신이 지향하는 가치를 포기하지 않는 대신, 가격이나 만족도 등을 세밀히 따져 소비하는 성향을 일컫는다. 가치소비는 남을 의식하는 과시소비와는 다르게 실용적이고 자기만족적 성격이 강하다. 또한 무조건 아끼는 알뜰 소비처럼 저렴한 상품만을 찾는 것이 아니라 가격 대비 만족도가 높은 제품에 대해서는 비싼 가격이라도 과감한 투자를 행한다. 극도의 검약과 극도의 낭비가 한 사람에게서 동시에 보이는 '소비의 이중인격화'는 이러한 가치소비의 극단적인 현상이다.

4. 문화시장의 주역으로 떠오른 중 · 장년층

2013년 통계청 조사 결과, 4050세대(1974~1955년생) 연령대별 인구 비중이 33.1%(1690만 명)로 가장 높게 나타났다. 삼성경제연구소에 따르면 우리나라 전체 인구 중 50대 베이비붐 세대 인구의 비중은 13.7%를 넘어섰고, 가구주 연령이 50대인 가구의 소비지출 비중은 국내 전체 소비의 22.5%를 차지한다.

어린 시절부터 문화생활을 적극적으로 누린 1960~1970년대 출생자가 중·장년층이 되면서 문화소비의 주체로 떠오르고 있다. 여가시간의 증가와 충분한 경제력을 바탕으로 이들의 문화콘텐츠에 대한 소비욕구는 계속하여 늘어나고 있다. 50대 중반에 퇴직하는 경우가 늘어나고 주5일 근무제가 실시되면서 시간·경제적 여유가 동시에 생겨난 것이다.

영화, 공연, 콘서트 등 문화계에 40~50대 중·장년층이 '신(新) 티켓 파워'로 부상하고 있다. 극장 가기를 쑥스러워하던 4050세대가 자신이 살아온 모습과 향수, 감수성을 불러일으키는 작품이 나올 때마다 스스로 극장을 찾아가는 문화적 욕구충족에 대한 높은 소비성향을 보이고 있다. 1000만 명의 관객을 달성한 〈실미도〉, 한국전쟁을 배경으로 형제애를 다룬 〈태극기 휘날리며〉, 권력에서 자유를 갈망하는 〈왕의 남자〉, 새로운 리더십을 바라는 〈명량〉, 정의를 위해 싸우는 〈변호인〉, 아버지 세대의 향수를 그린 〈국제시장〉 등이 4050세대의 감수성을 자극하며 흥행을 일으킨 작품이다.

티켓 예매 사이트인 인터파크가 발표한 '2014 공연 결산'에 따르면, 공연을 관람한 전체 관객수는 800만 명 정도로 전해보다 22만 명 정도 늘어났다. 20대와 30대 비중이 75%로 가장 두터운 관객층을 차지했지만, 40대와 50대, 60대 이상 중·장년층이 매년 소폭 증가하는 추세이다. 2014년에 40대 관객은 16.4%로 전해 15.5%보다 증가했다.

최고 흥행을 기록한 뮤지컬 〈맘마미아〉는 전체 관람객 중 절반가량을 40~50대가 차지하여 4050세대의 문화욕구를 반증한다.

TV에서도 중·장년층 시청자가 지나간 추억, 건강, 젊음을 소비하고 있다. 전통적으로 '본방사수' 충성도가 높은 중·장년층을 대상으로 TV가 이들의 욕구와 관심사에 집중하고 있다. 중·장년층은 실질적인 문화소비층이고 구매력이 높기 때문에 TV 프로그램은 물론 다양한 공연 프로그램에까지 이들을 대상으로 한 대중문화 콘텐츠가 더욱 확대될 전망이다.

중·장년층이 수동적인 시청자나 소비자로서뿐만 아니라 프로그램의 주인공으로 등장한 것도 새로운 흐름이다. 이를 견인한 주역으로는 tvN의 〈꽃보다 할배〉, 〈응답하라〉 시리즈 등이 있다. 이 같은 프로그램의 성공으로 기존 가요, 건강정보 프로그램뿐만 아니라 예능, 드라마까지 중·장년층이 즐길 수 있는 TV 콘텐츠 영역이 넓어지고 있다.

4050세대를 겨냥한 마케팅은 출판시장에서도 목격할 수 있다. 교보문고가 파악한 연령대별 판매량 추이에 따르면 30대 이하가 2010년 68.7%에서 2012년 63.8%로 떨어진 데 반해 40대 이상은 31.3%에서 36.2%로 늘어났다. 내용 면에서도 『마흔앓이』류의 기획출판이 좋은 반응을 보였다.

클래식 소비층 역시 40대를 중심으로 한 중·장년이 주류를 이룬다. 계속되는 불경기의 여파로 젊은 층이 소비층에서 밀려나고 이 빈자리를 경제적 여유가 있는 중·장년층이 파고든 것이다. 클래식에 대한 관심이 높아지면서 단순히 공연관람에만 그치지 않고 클래식을 본격적으로 공부하는 중·장년층도 많아졌다. 연장된 수명, 길어진 여가, 다른 세대보다 높은 경제력이 이들을 문화소외계층에서 문화주류층으로 끌어올렸다.

최근 삼성경제연구소가 낸 베이비부머 관련 보고서 『실버세대를 위한 젊은 비즈니스가 뜬다』(김정근 외, 2012)에서는 기존 실버세대보다 높은 경제력을 갖춘 베이비부머의 소비력에 주목하였다.

이 보고서는 1차 베이비붐 세대(1955~1963년생)와 2차 베이비붐 세대(1968~1974년생)로 문화소비 주체를 나누어 설명한다. 다른 세대에 비해 소득, 자산 등이 많은 것은 공통점이지만 서로 다른 문화적 경험을 공유한다는 것이다. 1차 베이비부머는 1960~1970년대에 교육을 받고 1980년대에 취업과 결혼을 해 경제성장의 주역으로 살아왔다. 그들은 스스로를 중산층으로 생각하며 팝과 대학가요제의 핵심 소비층이자 프로야구, 프로축구 등 대형 스포츠 이벤트를 경험하며 이전 세대보다 문화적 눈높이가 높다.

1990년대에 청년 시절을 보낸 2차 베이비부머 세대는 본격적으로 대중문화의 주체로 떠올랐다. 2012년 영화 〈건축학개론〉을 통해 '건축학개론 세대'로 이름을 알린 이들의 10~20대에는 서태지, 전람회, 심은하 등이 있었다. 신세대, X세대 같은 별칭을 가졌고, PC통신을 대중화하며 문화세대로 조명을 받았다.

중 · 장년층은 길어진 수명에 따라 삶의 정체성을 새로 쓰면서 예전보다 훨씬 더 활력 있는 삶을 추구한다. 또한 가격과 가치를 동시에 추구하는 신실용주의 소비를 중시하며, 소비를 통해서 만족을 극대화하고 쾌락을 얻으려는 태도를 보인다. 이에 따라 문화산업 기업도 중 · 장년층의 욕구 변화에 주목하여 40~50대를 대상으로 한 다양한 마케팅전략을 펼치고 있다.

chapter 4

문화마케팅의 전략 프로세스:
E-S-T-P

문화마케팅의 전략 프로세스: E-S-T-P

  마케팅전략 수립을 위한 기업의 내 · 외부 환경(environment)분석이 끝나면 이를 토대로 S-T-P를 설정한다. 전략수립의 설계도인 S-T-P는 시장세분화(segmentation)를 말하는 S와 목표시장(targeting)의 T, 포지셔닝(positioning)을 일컫는 P라는 이니셜을 묶어서 일컫는 말이다.

  문화마케팅전략 프로세스는 크게 환경분석, 시장세분화, 목표

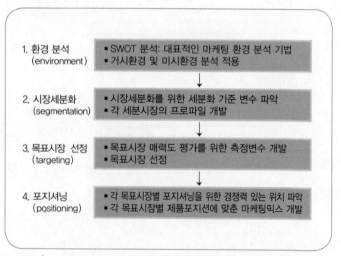

1. 환경 분석 (environment)	■ SWOT 분석: 대표적인 마케팅 환경 분석 기법 ■ 거시환경 및 미시환경 분석 적용
2. 시장세분화 (segmentation)	■ 시장세분화를 위한 세분화 기준 변수 파악 ■ 각 세분시장의 프로파일 개발
3. 목표시장 선정 (targeting)	■ 목표시장 매력도 평가를 위한 측정변수 개발 ■ 목표시장 선정
4. 포지셔닝 (positioning)	■ 각 목표시장별 포지셔닝을 위한 경쟁력 있는 위치 파악 ■ 각 목표시장별 제품포지션에 맞춘 마케팅믹스 개발

[그림 4-1] 문화마케팅의 전략 프로세스: E-S-T-P

시장 선정, 포지셔닝 등 4단계로 구성된다. E-S-T-P전략은 구체적인 마케팅 수단으로 무엇을 어떻게 활용할지 판단하기 위한 방향과 가이드라인을 제공하는 역할을 한다. 이제부터 각 단계에 대하여 자세히 설명해 보겠다.

1. 거시 및 미시 환경분석

마케팅계획을 수립하기 위해 기업이 가장 먼저 할 일은 시장의 크기를 살펴보는 환경(environment)분석이다. 기업의 마케팅 활동의 성과를 높일 수 있는 장기적인 기회를 파악하고 분석하는 단계로 거시환경(인구, 정치, 경제, 사회·문화, 기술, 법률 등)과 미시환경(정부, 기업, 문화산업주체, 소비자 등)을 분석하여 시장의 위협과 기회를 파악한다. 그리고 기업의 마케팅, 재무, 생산, 조직 등의 경쟁력을 분석하여 강점과 약점을 파악한다. 이처럼 외부환경의 정보를 평가하여 시장의 위협요인과 기회요인을 발견하고, 기업 내부의 주요 자원과 기술 수준의 정도를 평가하여 강점과 약점 요인을 발견하기 위한 방법으로 SWOT 분석을 많이 사용한다. SWOT 분석은 대표적인 마케팅 환경 분석 기법이다.

실제로 SWOT 분석에 따라 현대카드의 강점, 약점, 기회, 위협 요인을 살펴볼 수 있다.

먼저 강점(strength) 요인으로는 〈슈퍼콘서트〉 유치에 있었다. 카드업계 후발 주자인 현대카드는 〈슈퍼콘서트〉 덕분에 업계 빅3(2014년 기준)까지 올라섰다. 또한 국내 인기가수는 물론 스티비원더, 오지오스본 같은 세계적인 슈퍼아티스트의 꾸준한 내한

[그림 4-2] 현대카드 〈슈퍼콘서트〉 SWOT 분석

공연 개최와 〈슈퍼콘서트〉 카드결제 시 파격할인 제공 등 오랫동안 문화마케팅에 많은 노력을 기울였다. 즉, 현대카드는 〈슈퍼콘서트〉를 주최해 공연문화에 한 획을 그으며 브랜드 이미지를 확고하게 다졌다.

반면 약점(weakness) 요인으로는 잠실운동장, 올림픽공원 등 공연장소의 안전관리 미흡 및 안전사고 위험, 10~20만 원대의 비싼 티켓 가격, 다양한 장르를 소화할 수 있는 공연장 부재 등이 지적되고 있다.

주5일 근무제 확산과 소득규모 확대에 따른 국내 공연시장 규모의 확대가 기회(opportunity) 요인이 될 수 있다. 다른 기회 요인으로는 콘서트를 통해 2030세대의 문화욕구를 충족하면서 그들이 중년층이 되면 구매력 있는 충성고객을 확보할 수 있다는 점이다.

위협(threat) 요인은 문화마케팅을 내세운 다른 카드사가 다양한 문화행사 혜택을 제공하며 점차 경쟁이 치열해지고 있다는 점이다. 경쟁사인 삼성카드는 2011년 12월 〈조용필 콘서트〉를 시작으로 2014년 8월 〈홀가분 콘서트〉까지 무려 24회나 '셀렉트 공연'을 꾸준히 진행하고 있다. 또한 롯데카드는 2014년 국내 인기가수를 참여시킨 〈MOOV(무브) 뮤직〉이란 대형 콘서트를 진행하고 있고, KB국민카드는 2011년 콘서트 〈락 페스티벌〉을, 신한카드는 2009년부터 문화마케팅 일환으로 〈러브콘서트〉를 진행해 왔다.

거시환경 분석에서는 시장 내 소비자의 인구, 소득 등과 같은 인구통계학적 요인과 소비구조 등과 같은 사회 · 경제적 요인, 기술적, 문화적, 법률적, 정치 · 환경적 요인 등을 고려한다. 미시환경 분석단계에서는 문화산업 성장에 주도적인 역할을 하는 정부, 기업, 소비자, 문화산업 주체 등을 살펴본다. 정부는 문화정책을 수립하고 추진하는 기관으로서 문화산업을 지원 · 육성하고, 문화산업 주체는 문화예술의 생산자로서 문화예술계의 종사자로 구성되어 정부나 기업의 지원으로 경제적인 안정을 바탕으로 순수한 창작활동에 몰두하게 된다. 기업은 문화재단을 설립하거나 기존 문화행사를 후원하여 경쟁사와의 차별화된 문화 이미지를 구축하여 소비자를 설득할 수 있다. 문화의 최종 향유자인 소비자는 문화산업 주체가 제공하는 다양한 문화상품을 즐길 수 있는 기회를 얻어 삶의 질을 높일 수 있게 된다.

2. 시장세분화

시장세분화(segmentation)란 비슷한 성향을 가진 고객을 다른 성향을 가진 고객의 집단과 분리하여 하나의 집단으로 묶는 과정이다. 문화예술시장 세분화 개념은 전체 문화예술시장 중에서 자사가 가장 효과적으로 공략할 수 있는 세분시장을 중심으로 마케팅을 집중하겠다는 의미이다.

세분화 대상이 되는 문화예술시장을 이미 명확하게 정의했다면 하나 또는 그 이상의 세분화 변수를 선정한 다음 세분화를 실시하고 개별 세분시장의 특성을 분석하는 과정을 거친다. 이러한 작업은 가장 큰 경쟁우위를 제공할 세분시장을 목표시장으로 선택하기 위한 사전단계가 된다. 문화예술시장의 관객은 모두 상이하지만 특정 상품이나 서비스군에 대한 태도, 의견, 구매행동 등에서 비슷한 고객 집단이 존재한다.

이러한 시장세분화에 사용되는 주요 변수는 주로 인구통계적, 심리적, 구매행동, 사용상황, 추구효익 변수 등이다.

효과적으로 관객에게 도달하는 방법을 결정하기 위해 보통 인구통계학적 기준변수를 사용한다. 인구통계학적 특성은 현재 관객과 잠재 관객을 구분하는 의미 있는 역할을 한다. 문화예술을 자주 관람하는 사람은 대학교육을 받은 상류층이며, 대도시 지역에 거주하고 어린 자녀가 없는 경우가 대부분이다. 종종 두 가지 이상의 인구통계학적 변수를 조합해 시장을 세분화한다. 예를 들어, 교육 수준과 경제력은 관객 분석의 가장 중요한 두 가지 지표이다. 교육 수준과 소득 수준이 모두 높은 사람은 두 가지 중 한 가지만 높은 사람보다 예술 참여 가능성이 높다. 고등교육을 받은 사람 중에 전문직 종사자와 교육계 종사자가 가장 일반적인 예술 후원자가 되는 경향도 있다. 이러한 인구통계적 변수에 직업, 추구효익, 라이프스타일 등을 조합하면 해당 분석의 가치를 높일 수 있다.

문화예술시장은 라이프스타일에 따라 선호집단이 달라질 수 있기 때문에 라이프스타일과 같은 사회심리 변수를 기준으로 시장을 세분화하는 것이 유용하다.

따라서 시장세분화의 기준변수를 조합하여 사용하도록 한다. 흔히 이루어지는 상황변수 조합은 인구통계-사용상황, 인구통계-추구효익, 인구통계-심리분석-추구효익, 인구통계-구매행동-추구효익 등이 있다. 예를 들어 인구통계(연령, 소득)-심리적(라이프스타일) 변수를 고려하여 세대별 시장을 세분화할 수 있다. 대표적인 공연상품 중 〈11시 콘서트〉는 40~50대 주부의 라이프스타일을 배려한 공연으로 성공을 거두었다. 〈11시 콘서트〉가 큰 인기를 누린 것은 주부에게 비교적 한가한 시간대인 오전 11시에 공연을 시작한다는 발상의 전환을 했기 때문이다. 입장료가 2만 원 정도로 부담이 덜한 데다 친절한 해설을 곁들여 클래식 음악의 초심자라도 쉽게 접근할 수 있게 배려한 것도 성공요인으로 꼽힌다.

3. 목표시장 선정

목표시장 선정(targeting)은 시장을 세분화한 다음 나온 세분시장을 여러 가지 기준으로 평가하여 가장 바람직한 한 개 또는 그 이상의 세분시장을 찾아내는 작업이다. 한마디로 목표시장 선정은 기업에게 매력적인 표적이 되는 시장으로 압축하는 것이다. 목표시장 선정은 대부분 기업의 자원이 한정되어 있고, 모든 시장을 소구대상으로 선택하기보다는 마케팅 비용을 특정 목표시장에 도달하는 것에 투자하는 것이 효율적이기 때문이다. 목표시장 마케팅은 상대적으로 구매욕구가 높은 관객에게 초점을 맞추어 마케팅 노력을 집중할 수 있기 때문에 확실한 시장 기회를 찾을 수 있다.

문화 관련 기업도 기업의 목표와 자원, 목표시장 규모와 성장률, 시장구조 등 변수를 고려하여 자사에 적합한 매력적인 목표시장을 공략하게 된다.

현대카드는 2007년부터 문화마케팅 차원에서 세계적인 아티스트의 음악을 들을 수 있는 〈슈퍼콘서트〉를 개최하고 있다. 초청된 아티스트 중 팝가수 빌리 조엘(Billy Joel)은 1970~1980년대의 감수성 있는 팝을 좋아하는 40~50대를 주요 목표고객으로 선정했으며, 대중문화 아이콘인 레이디 가가(Lady Gaga)는 새로운 퍼포먼스와 파격적인 의상으로 10~20대 팬을 사로잡았다. 현대카드 〈슈퍼콘서트〉에서도 초청 가수에 따라 목표고객이 달라질 수 있다.

목표고객은 콘텐츠의 내용이나 상황에 맞추어 적절하게 설정하여야 한다. 실제로 영화 〈우리는 동물원을 샀다〉는 2011년 맷 데이먼, 스칼렛 요한슨이 주연한 영화로 다트무어 동물원을 운영한 벤저민(Benjamin Mee)이라는 실존인물의 이야기를 바탕으로 만들어졌다. 그러나 캐스팅 자체는 화려했지만 누적 관객은 28만 명으로 흥행에는 실패했다. 이 영화는 벤저민 가족이 폐장위기의 동물원을 구입해 아내와 엄마를 잃은 상실감을 극복해 가는 과정을 그렸다. 영화가 흥행에 실패한 이유는 목표고객을 잘못 설정했기 때문이다. 영화 목표고객은 초등학생 자녀를 둔 부모로 설정했는

데, 갑작스러운 책임감에 어깨가 무거운 중·장년층이 실제 목표
고객으로 설정됐다면 더 나은 흥행성적을 기록했을 것이다. 즉,
이 영화는 희망과 행복의 메시지에 부합하기 위해서 중·장년층
을 목표고객으로 설정하여 관람객이 상실감을 극복하는 데 도움
을 주는 힐링영화(healing movie)라는 것을 강조해야 했다.

　문화예술단체나 기업이 목표시장을 선정할 때는 1차 고객과
2차 고객으로 구분하도록 한다. 예를 들어 첫사랑을 주제로 한 뮤
지컬 〈김종욱 찾기〉는 1차 고객은 20~30대 싱글 여성 및 소극장
공연 마니아층으로 설정하여 홍보를 강화하고 2차 고객은 문화활
동을 선호하는 30대 골드미스로 확대했다. 특히 여성의 소비는
'친구관계'에 영향을 받는다. 여성은 지인이 계속해서 제품을 마음
에 들어 하지 않으면서 본인도 소비하지 않는 경우가 많다. 〈김종
욱 찾기〉와 같이 주 고객이 여성층일 경우 여성 고객의 인정을 받
음으로써 자신의 소비에 만족을 느끼고 지인에게 추천을 하게 된
다. 이에 공연회사의 목표고객 설정은 SNS 공연 후기를 통한 입
소문, 훈남파티 이벤트 및 팬미팅 확대, 일반인 공개오디션 등 다
양한 커뮤니케이션전략과 긴밀한 관계가 있다.

4. 포지셔닝

　포지셔닝(positioning)이란 1972년 애드버타이징 에이지(Adver-
ting Age)에서 앨 리스(Al Ries)와 잭 트라웃(Jack Trout)이 처음
소개한 용어로 기업이 의도하는 제품 개념과 이미지를 고객의 마
음속에 차별적으로 위치시키는 것을 의미한다. 이는 문화예술기

관이나 문화상품에도 그대로 적용할 수 있어서 관객의 마음속에 작품을 어떻게 차별적 우위로 인식시킬 것인가에 대한 전략으로서 활용하고 있다.

사람들은 포지셔닝을 쉽게 말하지만 포지셔닝이 말처럼 쉬운 것은 아니다. 요즘 최고의 인기를 누리는 대중 문화상품인 아이돌 그룹의 활동을 보면 포지셔닝이 얼마나 치열하게 이루어지는지 알 수 있다. 비슷한 시기에 데뷔한 형제그룹 2AM과 2PM을 예로 들어 보자. 2PM이 '짐승돌' 신드롬을 일으키며 파워풀한 남성댄스 그룹으로 인기를 누린 것과 달리, 2AM은 감성적인 발라드 그룹으로 포지셔닝을 하였다. 2PM과 2AM은 같은 소속사이지만 아이돌 그룹 시장 내에서는 다른 위치를 선정하여 10대 팬에게 차별적인 그룹으로 인식을 심어 주었다.

또한 영화제작사는 다양한 방법으로 영화제품을 포지셔닝 할 수 있다. 장르, 출연배우, 감독, 제작규모, 제작사 등에 따라 포지셔닝이 가능하며 잠재영화관객이 추구하는 편익(영화를 보는 목적)이나 관람등급에 따라서도 포지셔닝이 가능하다.

문화예술기관이나 기업이 포지셔닝하는 방법에는 속성-효익에 따른 포지셔닝, 사용상황에 따른 포지셔닝, 사용자에 따른 포지셔닝, 경쟁에 따른 포지셔닝, 상징적 속성에 따른 포지셔닝 등이 있다.

첫째, 속성-효익에 따른 포지셔닝은 가장 흔하게 사용되는 포지셔닝 방법이다. 이 방법은 자사 제품이 경쟁 제품과 비교하여 차별적 속성과 특징을 가져 소비자에게 다른 효익을 제공한다고 인식시키는 것이다. 그러나 경험재, 신용재에 속하는 문화상품의 경우에는 제품 속성이 잘 나타나지 않기 때문에 속성 포지셔닝을

취하기 어렵다.

뮤지컬 〈광화문연가〉는 가수 이문세의 곡을 주로 작곡한 故 이영훈 작곡가의 노래만으로 만들어진 속성을 지닌다. 뮤지컬 〈디셈버〉는 〈이등병의 편지〉, 〈서른 즈음에〉 등 가수 김광석이 부른 노래만으로 만들어졌다. 뮤지컬 〈광화문연가〉나 〈디셈버〉는 뮤지컬 〈맘마미아〉처럼 '주크박스 뮤지컬' 형식을 도입하고 있다.

둘째, 사용상황 포지셔닝은 소구제품의 적절한 사용상황을 묘사 또는 제시함으로써 포지셔닝하는 것이다. 공연상품은 특정 상황에서 소비될 수 있다. 연인이 기다리는 밸런타인데이에 연극 〈작업의 정석〉은 친구의 추천으로 데이트용 티켓 구매를 유도할 수 있다. 크리스마스, 밸런타인데이와 같이 소비자의 사용상황에 맞추어 공연업계는 특정 기념일에 할인을 적용하는 '데이(day) 마케팅'을 활용하여 관객을 끌어모으고 있다.

셋째, 사용자 포지셔닝은 제품을 사용하는 데 있어 사용자 집단이나 계층에 따라 특정 소비자에게 적절하다고 포지셔닝하는 방법이다. 사용자에 따른 포지셔닝은 특정 제품 사용자가 가진 가치관, 라이프스타일 등을 고려하여 어필할 수 있는 속성이나 광고 메시지 등을 통해 획득할 수 있다.

주부 관객을 위한 〈10시엔 영화〉 기획전이나 〈11시 콘서트〉 등은 낮 시간대에 여유가 있는 라이프스타일을 고려하여 새로운 포지셔닝을 개발한 것이다. 점심시간대 직장인을 위한 로비음악회는 직장인을 겨냥한 공연으로 사용자에 따른 포지셔닝으로 볼 수 있다.

넷째, 경쟁에 따른 포지셔닝은 소비자의 마음속에 자리 잡은 경쟁 제품과 명시적 혹은 묵시적으로 비교함으로써 자사 제품의 혜택을 강조하려는 방법이다.

예를 들어 주크박스 뮤지컬인 〈광화문연가〉와 〈디셈버〉는 대중가요를 활용한 콘서트형 뮤지컬로 경쟁관계에 있다. 〈광화문연가〉는 故 이영훈 작곡가의 노래를 엮어 스토리보다는 음악에 방점을 찍은 콘서트 뮤지컬이다. 경쟁상대인 뮤지컬 〈디셈버〉는 1980년대 대학가를 배경으로 한 사랑이야기를 김광석의 음악을 활용해 제작한 것이다. 〈광화문연가〉가 음악에 치중했다면 〈디셈버〉는 러브스토리 라인에 음악을 강조했다.

다섯째, 문화상품은 상징적 소비가 강한 상품으로 새로운 상징을 부여하여 포지셔닝을 하는 것이다. 공연시장에서는 1등이 시장을 독점하는 경향이 강하다 보니 최고 공연, 최대 규모 공연, 최초 공연, 최다 공연, 최다 관객동원 공연 등의 상징을 부여하여 홍보하는 경향이 강하다.

예를 들어 뮤지컬 〈디셈버〉는 최단 기간, 최다 판매를 기록한 뮤지컬, '러브스토리 뮤지컬'이란 상징적 포지셔닝을 통해서 2014년 객석 좌석 점유율 85%를 기록하여 창작뮤지컬의 위상을 높였다. 디셈버의 주인공을 맡은 김준수는 30회 공연 동안 7만여 관객을 끌어들여 티켓 파워를 보였으며 〈디셈버 with 김준수〉란 스페셜 앨범을 발매해 각종 음원차트 상위권을 석권하였다.

포지셔닝전략 수행을 위해서는 우선 소비자의 마음속에서 자신의 기업이 현재 어떤 위치에 있는지를 알아야 한다. 두 번째는 경쟁관계가 치열한 경우 가능한 한 소비자가 중요하게 생각하는 부분 중에서 빈자리를 찾아내는 것이 유리하다. 일단 소유하고 싶은 포지션을 발견하면 경쟁자를 확인한 뒤 자사가 보유한 가용 자원을 파악하여 가장 효과적으로 공략할 수 있는 한두 개의 세분화된 목표시장을 선정한다. 그런 다음 소비자의 욕구를 잘 충족할 수 있는 적합한 자사 제품의 포지션을 결정하여 경쟁적 우위를 확보한다. 최종적으로 획득한 포지션은 지속적으로 차별화될 수 있도록 노력하고 목표한 포지션의 일관성을 유지한다.

5. 문화상품의 마케팅 믹스(4P) 전략

E-S-T-P가 결정되면 실행전략에 들어간다. 이 단계는 제품(product), 가격(price), 유통(place), 촉진(promotion)의 4P를 중심으로 전개되며, 이들의 조합(mix)을 통해 최상의 마케팅 효과를 얻고자 한다. 이런 4P전략은 연극, 뮤지컬, 음악, 무용 등 공연산업에 적용해 볼 수 있다. 공연의 제품요인은 공연 자체가 가지는 객관적 정보와 관련성이 있는 것으로 줄거리, 연출자, 장르, 출연배우, 제작비 등의 정보를 포괄한다. 가격은 소비자인 관객이 지불하는 관람료(입장료)이다. 유통요인은 관람 장소인 공연시설 및 공간, 공연티켓 판매 시설에 대한 것이다. 촉진요인은 광고, 비평, 구전, 예고편 등 다양한 요인이 있는데, 공연정보를 얻을 수 있는 광고나 홍보, 판매촉진과 같은 커뮤니케이션 수단을 말한다. 지금까지 언급한 내용은 〈표 4-1〉에서 공연마케팅의 4P로 제시하였다.

보통 마케팅전략 수립의 도구로 사용되는 것이 4P로 불리는 마케팅 믹스(marketing mix)이다. 현재에도 4P는 충분히 효과적인 분석틀이지만 어디까지나 기업(판매자) 입장의 접근방식이다. 그러나 인터넷시장의 확대와 소비자의 파워가 커지면서 4P를 소비자 입장에서 4C로 재해석하였다. 필립 코틀러(Philip Kotler)는 마

〈표 4-1〉 마케팅 믹스 원리에 입각한 공연마케팅의 4P

4P	마케팅전략	세부 사항
제품(product)	상품으로서의 영화를 콘텐츠 측면에서 접근	공연명, 장르, 배우, 감독, 흥행요소 분석
유통(place)	배급 및 유통 차원에서 분석	공연 시설, 티켓판매 장소, 티켓유통 시스템(인터넷), 공연시기
가격(price)	관람요금과 할인제	입장요금 결정 및 할인
촉진(promotion)	광고홍보 마케팅전략 수립 (PR, 광고, 판촉, 홍보)	홍보대행사 결정, 포스터 및 전단 업체 선정, 구전, 비평, 프레스콜(press call)

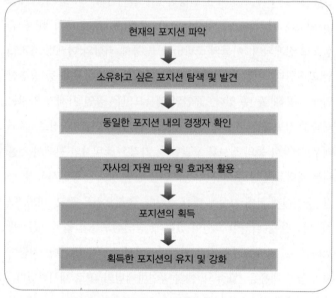

[그림 4-3] 포지셔닝전략의 수행과정

케팅의 4P를 소비자 혜택(customer benefits＝product), 소비자 비용 부담(cost to customer＝price), 고객 편리성(convenience＝place), 커뮤니케이션(communication＝promotion)의 4C로 새롭게 해석

하였다.

여기에서는 문화상품, 티켓가격, 다단계 유통경로, 입소문 등을 가지고 문화상품의 4P전략을 실례를 들어 살펴본다.

문화상품은 신용재인가

제품을 사용한 소비자가 제품을 사용하고 난 뒤에도 해당 제품에 대한 품질을 정확하게 평가하기 어려운 제품을 신용재(credence goods)라 부른다. 공연예술(클래식, 발레, 오페라), 영화, 음악 등 제품 서비스를 평가하는 데 전문성이 필요한 상품이 해당된다.

이런 문화상품은 관람객이 품질을 평가할 수 있는 수준까지 훈련되지 못한 경우가 많기 때문에 정확한 평가가 이루어지기 어렵다. 또한 관람객 중 상당수가 처음이거나 두세 차례 공연을 관람하기 때문에 해당 공연 내용에 대해 정확한 평가를 내리기 힘들다 (박정호, 2013).

이런 신용재의 평가는 해당 제품이나 서비스의 브랜드에 따라 평가가 이루어지는 것이 보통이다. 문화상품 기획자(마케터)는 소비자의 평가를 도와주기 위해 유통장소(공연장), 상품정보, 기념품 판매, 티켓 구매방법, 기타 편의시설 등을 제시하여 소비자가 품질에 대한 좋은 평가를 내리게 한다.

이러한 신용재의 평가는 해당 제품이나 서비스의 브랜드에 따라 평가가 이루어지는 것이 보통이다. 하지만 신용재는 소비자가 품질을 평가하기 힘들기 때문에 브랜드 이미지 구축 기반을 마련하기 어렵다. 따라서 신용재의 브랜드를 쌓는 데에는 시간이 걸린다. 공연, 영화와 같은 경험재를 판매할 때는 그 특징과 품질에 대한 정보가 소비자에게 전달되는 과정을 관리하는 것이 중요하다.

소비자의 경험이 쌓여서 만들어진 평판이 곧 경험재의 브랜드이자 가장 강력한 마케팅 무기라고 할 수 있기 때문이다. 공연, 영화 상품을 홍보할 때 SNS를 활용한 마케팅이 활발한 이유가 여기에 있다. 경험재와 관련해서 잠재고객에게 객관적인 정보를 제공하는 평가업체(홍보대행사)가 평판을 제공하기도 한다.

영화에서의 제품요인은 영화 자체가 가지는 객관적인 정보와 관련성이 높다. 제품은 영화 줄거리, 감독, 장르, 출연배우, 제작비 등을 포괄한다. 특히 스타의 유무는 영화 흥행과 직접적인 상관관계가 있는 중요한 영화의 상품 속성이다.

2012년 범죄 액션영화 〈도둑들〉은 화려한 캐스팅을 앞세운 '스타마케팅'전략으로 1302만 명의 관객을 동원하여 흥행 1위를 기록하였다. 이 영화는 세대별로 선호하는 스타 배우를 전면에 내세워 10~50대까지 폭넓은 관객층을 끌어들였다. 젊은 층을 대표하는 김수현과 전지현은 영화 자체를 즐기려는 10~20대 관객을 흡수하였고, 김혜수와 김윤석은 30~40대 관객을, 임달화와 김해숙은 중년의 로맨스로 40~50대 관객을 공략하였다. 결국 관객은 〈도둑들〉이라는 영화의 품질을 파악할 수 없기 때문에 스타배우와 스타감독이 연출한 작품을 선택하였다. 또한 〈도둑들〉은 관객을 유인하기 위해 한국 최초로 레드카펫 행사를 개최하고, 관객의 입소문을 전파하기 위한 수단으로 영화 메인홈페이지 및 포털사이트, SNS 활용 등 온라인 홍보에 중점을 두었다.

뮤지컬 공연티켓은 왜 비쌀까

뮤지컬 같은 공연이 비싼 데는 이유가 있다. 영화는 한 번 제작되면 필름으로 무제한 복제가 가능하여 여러 영화관에서 동시에 상영이 가능하고, 케이블TV나 DVD 형태로 판매할 수도 있다.

하지만 공연예술의 경우에는 공연자가 그때그때 실연을 해야 하기 때문에 비용이 많이 들 수밖에 없다. 기본적으로 매출에 상관없이 인건비, 대관료, 배우 출연료 등 고정비용이 들기 때문에 티켓 가격이 비싸다. 특히 고정 제작비 가운데 가장 많은 부분을 차지하는 것이 인건비인데, 요즘 배우 개런티가 지속적으로 상승하면서 스타배우의 개런티는 제작비의 10~20%를 차지한다. 여기에 라이선스 뮤지컬이라면 로열티가 10~15% 추가된다.

실제로 우리나라 뮤지컬 관람료는 다른 나라보다 비싼 편이다. 뮤지컬 관람료의 적정성을 알아보는 방법으로 대졸자 초임 월급과 비교하는 방법이 있다. 대졸자 초임 월급 평균을 비교해 보면 미국 3600달러(약 370만 원), 일본 29만 엔(약 200만 원), 영국 2540파운드(약 440만 원), 그리고 한국은 199만 원이다. 각국의 뮤지컬 최고가를 살펴보면 미국 160달러, 일본 1만 2000엔, 영국 110파운드, 한국이 13만 원 수준이다. 이를 대졸 초임으로 나누어 비율을 구하면 미국은 22분의 1, 일본은 16분의 1, 영국은 23분의 1, 그리고 한국은 15분의 1 수준이다.

이렇게 비교해 볼 때 우리나라 뮤지컬 티켓 가격은 영국과 미국보다 꽤 높고, 일본보다도 다소 높은 편이다. 뮤지컬 관계자는 대졸 초임의 20분의 1 정도가 티켓 가격으로 적당하다고 말한다. 현재 우리나라 경제력 수준에서 계산하면 뮤지컬 티켓 가격은 10만 원 정도가 적당하다는 것이다.

공연예술은 공연을 수행하는 연기자가 분리될 수 없는 서비스 재화의 고유 특성을 가진다. 즉, 공연예술은 여타의 서비스 산업과 마찬가지로 매번 제공될 때마다 구체적인 서비스 내용이 조금

씩 차이가 난다. 연기자의 연기가 매번 똑같을 수는 없기 때문이다.

공연예술은 서비스 재화로서의 이러한 일반적인 특성 이외에도 몇 가지 독특한 속성을 가진다. 먼저 일반적인 서비스재와 달리 제품으로서의 수명이 한정적이다. 금융, 운송, 숙박 서비스 등은 언제든지 이용하고 싶을 때 이용할 수 있지만 공연예술은 상연기간이 정해져 있다. 서비스재와 달리 특정 시점에서만 소비가 가능하다.

또한 공연예술은 제품의 품질을 측정하기 어렵다. 여타의 일반적인 서비스 품목은 해당 회사가 만족할 만한 서비스를 제공했는지 소비자가 분명히 알 수 있다. 더군다나 같은 공연을 두 번 이상 보는 사람은 별로 없기 때문에 관람객이 해당 공연 내용에 대해 정확한 평가를 내리기 힘들다(박정호, 2013).

이처럼 뮤지컬과 같은 공연예술은 한정적인 수명과 비복제성, 품질 측정이 어렵다는 특징 때문에 상대적으로 영화, 연극, 스포츠 관람 등에 비해 가격이 비쌀 수밖에 없다.

다단계 유통경로의 개발

문화상품의 유통경로는 상품이나 서비스가 생산자에서 최종 소비자에게 전달되는 과정이다. 방송의 경우 지상파TV, 케이블SO가 유통채널로서 역할을 하고 있으며, 영화는 배급 서비스를 제공하는 극장, 공연은 공연장, 음악은 음원도매상이나 소매상 등이 될 수 있다.

문화상품은 하나의 소스를 서로 다른 장르로 다단계 유통하여 시너지효과를 극대화하고자 하는 특성을 가진다. 이를 창구효과(window effect) 또는 OSMU(one-source multi-use)라고 부른다. 창구효과란 하나의 프로그램을 서로 다른 시기에 다른 배급채널을 통하여 배포하는 배급방식이다. 우리나라 영화의 경우 극장 → 비디오/DVD → 비행기 판권 → VOD/Pay per View → 유료케이블 → 지상파TV → 무료케이블 등 순차적으로 배급되고 있다. 또한 OSMU는 하나의 콘텐츠가 게임, 만화, 영화, 캐릭터, 소설, 음반, 장난감 등의 여러 가지 2차 문화상품으로 판매되어 부가가치를 극대화하는 마케팅 방식이다.

대부분의 콘텐츠 기업은 창구효과나 OSMU전략을 통해서 자사가 보유한 콘텐츠의 창구를 확대하려는 경향을 보인다.

최근 문화콘텐츠산업 내에서 OSMU를 가장 많이 활용하는 분야가 바로 웹툰(webtoon)이다. 웹툰은 웹(web)과 카툰(만화, cartoon)의 합성어로, 인터넷에 출판되는 형식의 만화를 의미한다. 웹툰은 만화이기는 하지만 기존 출판만화와 제작, 유통, 소비방식이 전혀 다르다는 점에서 완전히 새로운 장르로 정착하고 있다. 특히 2003년 강풀 작가는 만화에 칸을 없애고, 마우스 스크롤을 내리는 것에 따라 세로 방향으로 이야기가 흘러내려 가도록 하는 연출 기법을 적용한 웹툰 〈순정만화〉 연재를 시작해 새바람을 일으켰다.

웹툰을 발전시킨 핵심요인은 웹을 기반으로 한 만화 유통망을 개발한 인터넷 플랫폼을 꼽을 수 있다. 우리나라 웹툰산업은 포털사이트가 이용자 유입을 위해 무료 웹툰을 제공하면서 급속히 성장했다는 점에서 포털사이트의 역할이 매우 큰 것으로 평가된다. 다음을 필두로 파란, 네이버, 네이트 등 여러 포털사이트가 사용자 확대를 위해 무료 제공 서비스를 시작하면서 웹툰은 양적·실적으로 급속히 성장했다.

웹툰의 등장으로 디지털 만화나 모바일 만화가 1차 유통시장인 출판만화로 출간되고, 2차 시장인 영화, 게임, 애니메이션, 드라마 등 다양한 분야로 소스가 활용되고 있다. 더욱이 3차 시장은 웹툰의 라이선스 사업으로 등장인물의 캐릭터 이미지를 완구, 문구, 팬시, 캐릭터 등 상품으로 제작하여 추가의 수익을 올린다.

강풀 작가의 〈순정만화〉는 웹툰에 기초한 OSMU의 가능성을 확인한 효시적인 작품으로서 출판만화, 영화, 연극, 무빙 카툰 등 다양한 장르로 재가공되었다. 배우 김수현이 주인공을 맡은 영화 〈은밀하게 위대하게〉는 HUN(최종훈) 작가의 다음 웹툰 〈은밀하게 위대하게〉를 원작으로 2013년 6월에 개봉하여 700만 명 이상의 관객을 모으며 웹툰 원작 영화 가운데 최고 흥행을 기록하였다. 역시 웹툰을 원작으로 한 영화 〈이끼〉(330만), 〈26년〉(300만), 〈이웃사람〉(240만)도 흥행에 성공했다. 웹툰 영화화에 대한 관심이 높아진 가운데 〈신과 함께〉, 〈목욕의 신〉, 〈더 파이브〉, 〈트레이스〉, 〈다이어터〉, 〈살인자ㅇ난감〉 등 10여 편도 영화화가 추진 중이다.

이처럼 문화상품은 하나의 원천을 가지고 다양한 장르나 상품으로 개발됨으로써 다양한 수익원을 확보하고 고부가가치를 창출하려는 특성을 보인다.

●● 웹툰의 3박자… 생산, 소비, 플랫폼

한국 웹툰을 발전시킨 주체로 창의적인 생산자, 적극적인 소비자, 그리고 웹툰을 기반으로 한 만화 유통망을 개발한 인터넷 플랫폼을 꼽을 수 있다. 한국의 웹툰산업은 포털사이트가 이용자 유입을 위해 무료 웹툰을 제공하면서 급속히 성장했다는 점에서 이들의 역할이 매우 큰 것으로 평가된다.

2012년 야후코리아와 파란이 웹툰사업을 중단하면서 웹툰시장은 네이버와 다음 등 양대 포털사이트를 중심으로 성장했고, 2013년 6월 유료 모델을 기반으로 하는 사업자 '레진코믹스'가 진입해 네이버-다음-레진코믹스 3강 구도로 재편됐다.

2013년 문을 연 레진코믹스는 그간 무료로 여겨진 웹툰 유료화를 주도한 플랫폼이다. 이현세, 황미나 등 인기 만화가와 포털 아마추어 게시판에서 주목받던 실력자를 대거 영입해 '웹툰 유료화는 불가능한 것'이라는 우려를 깨고 첫 달부터 흑자를 냈다. 6월 창업 1년 만에 회원 수 110만 명, 연재 작품 270편을 달성했다고 발표했다. 이상업 레진코믹스 총괄이사는 "2014년 10월 중국 진출에 이어 2015년 초 일본 서비스도 시작할 것"이라고 밝혔다. CJ E&M과 전략적 제휴를 맺고 게임 제작사 앤씨소프트에서 50억 원을 투자받는 등 사업 영역도 확장 중이다.

출처: 주간동아(2014. 11.26~12.2), p. 12.

입소문에 좌우되는 흥행성공

프로모션(promotion)은 관객의 의견에 영향을 주거나 반응을 유도해 내기 위하여 잠재적 소비자에게 알리고 설득하고 환기하는 과정에서 마케터가 내보내는 커뮤니케이션 요소이다. 영화를 예로 들자면 마케터는 이 과정에서 광고, PR, 판매촉진, 이벤트와 캠페인 홍보, 웹사이트 활용, 입소문, 전문가 비평, 예고편 등을 결정한다.

광고는 영화관객의 부족한 사전지식을 채워 주는 외부 정보의 원천으로 영화에 대한 인지도를 제고하고 관객의 영화 선택에 영향을 미친다. 예고편은 영화관객을 설득하기 위해 관객의 긍정적인 구전과 흥미를 유발할 목적으로 제작된다. 무엇보다 영화관객인 소비자는 영화를 선택하는 데 있어 영화의 객관적인 속성보다는 주위 사람의 구전(buzz marketing)에 영향을 크게 받는다. 구전 정보(입소문)는 전문 평론가의 추천이냐, 친구의 추천이냐, 단순 지인의 추천이냐에 따라 미치는 영향이 다르다.

영화 〈명량〉은 2014년 7월 30일 개봉한 이후 12일 만에 1000만 명을 돌파하고, 36일째에 1700만 관객을 달성하여 역대 흥행 1위의 쾌거를 이뤘다. 〈명량〉의 흥행 열풍은 10대와 20대의 젊은 관객은 물론 중·장년층과 노년층까지 다양한 연령층의 폭발적 입소문을 통해 한국 영화 최다 흥행 신기록을 경신하였다. 영화 〈명량〉은 이순신 장군의 가장 드라마틱한 전쟁 '명량대첩'을 통해 현시대를 관통하는 묵직한 메시지와 감동을 전하며 영화계뿐 아니라 다양한 사회 분야에 이순신 신드롬을 불러일으켰다. 또한 〈명량〉은 네이버 포털사이트 관람객 평점에서 9점에 육박하는 평점을 기록하면서 호평과 입소문 열풍이 이어졌다.

〈명량〉의 흥행으로 역사적 인물인 이순신에 대한 관심도 커졌다. 충남 아산시 현충사의 관람객 수가 평일 1000명 수준에서 영화 개봉 이후 3000명 선으로 늘었으며, 명량해전 전후의 임진왜란 상황을 설명한 역사전문가 설민석 씨의 인터넷 동영상 강의는 조회 수가 75만 회를 넘어섰다. 이순신 관련 서적 판매량도 크게 증가했다. 작가 김훈의 『칼의 노래』 외에 영화 내용을 소설로 출간한 『명량』(김호경 지음)과 『난중일기』(증보 교감완역, 노승석 옮김), 『그러나 이순신이 있었다』(김태훈 지음) 등이 인기를 끌었다.

〈명량〉은 입소문 마케팅과 함께 '애국주의 마케팅 기법'을 적절히 활용하여 흥행을 이끌었다. 결정적 요인은 이순신이라는 인물의 영웅성과 리더십에 대한 사회적 메시지 등 애국심에 호소하며 꼭 봐야 할 영화로 부각한 것이었다.

진중권 동양대학교 교수와 영화평론가 허지웅의 영화 〈명량〉

[그림 4-4]
영화 〈명량〉, 2014년 한국에서 가장 많은 사랑을 받은 영화,

관련 SNS 논쟁이 화제를 불러일으켰다. 진중권 교수는 자신의 트위터에 "영화 〈명량〉은 솔직히 졸작이죠. 흥행은 영화의 인기라기보다 이순신 장군의 인기로 해석해야 할 듯"이라는 글을 게재하며 〈명량〉에 대한 실망감을 드러냈다. 반면 평론가 허지웅이 〈명량〉 액션 신에 대해 "61분 동안 전투장면이 이어지고 있다. 이건 할리우드에서도 어려운 일"이라며 JTBC 방송에서 언급하자 진 교수는 평론가 자질을 의심하게 한다며 트위터에 반박글을 올렸다. SNS상 〈명량〉에 대한 진중권과 허지웅의 졸작과 수작이라는 끝없는 논란이 네티즌의 관심을 끌면서 이는 영화 흥행에도 도움이 되었다.

입소문을 전파하는 가장 강력한 수단이 SNS(social networking service)이다. 이 서비스는 실시간성, 이동성을 갖춘 스마트 기기와 만나 모바일 소셜 서비스 활동을 촉진하고 있다. 국내 SNS 이용자 수는 2010년 3월 기준으로 페이스북 약 50만 명, 트위터 약 30만 명이었으나 이후 빠르게 증가해 2013년 3월에는 페이스북 약 810만 명, 트위터 약 5500만 명인 것으로 집계됐다(사회적인 분석 회사 굴트와 소셜 네트워크 사이트소셜 베이커스, 2013).

이런 소셜 네트워크 기술이 가속화됨에 따라 소비자의 연결도 동시에 확대되어 문화상품 구매 결정을 내리기 전에 지인의 의견(친구, 동호회)을 참고하는 것으로 보인다.

더욱이 SNS의 급속한 보급은 정치인과 유권자 간의 소통 채널 역할을 하며 선거에 영향을 미치고 있으며, 사회적 이슈를 공론화하는 여론 형성의 장 역할도 하고 있다. 경제적으로는 기업의 마케팅 활용 및 고객관계 관리 도구로 각광을 받고 있으며 문화산업에서도 특정 콘텐츠에 대한 호감과 비호감의 공감대를 형성해 SNS가 중요한 마케팅 및 홍보 도구가 되고 있다. 실제로 가수 싸이의 〈강남스타일〉은 유튜브 등의 동영상 사이트와 트위터, 페이스북 등의 SNS를 통해 해당 동영상이 확산되면서 미국 빌보드 차트 2위에 올라 케이팝의 한류 열풍을 불러일으켰다. 이처럼 소셜미디어는 문화의 다양성과 소규모 자본의 마케팅에 적합한 커뮤니케이션의 형태로 문화마케팅의 도구이자 기회로 활용될 수 있다.

6. 현대카드 〈슈퍼콘서트〉 문화마케팅 사례

2001년 10월 신용카드 업계에 후발 주자로 진출한 현대카드의 당시 시장 점유율은 1.8%에 불과했다. 하지만 카드업 진출 13년 만에 2014년을 기준으로 업계 빅3로 성장하는 놀라운 변화를 보였다. 이 같은 성장의 가장 큰 요인은 '문화마케팅'이다. 문화마케팅을 통해 창의적이고 혁신적인 시도를 함으로써 카드 업계에서 '문화기업'의 이미지를 구축했기 때문이다. 현대카드의 〈슈퍼콘서트〉가 이를 가장 잘 보여 주는 사례이다. 〈슈퍼콘서트〉는 현대카드가 2030세대를 겨냥한 적극적인 문화마케팅 활동이다. 신용카드가 현금의 대체수단이 아니라 카드라는 매개수단을 통해 문화 향수를 경험할 수 있는 수단으로 기능하는 것이다. 그렇기 때문에 현대카드 광고는 소비자에게 현대카드만이 할 수 있는 대형 콘서트, 전시 등을 제안하며 다른 카드사에서는 얻지 못하는 문화 혜택을 소비자에게 제공한 것이다.

〈슈퍼콘서트〉는 2007년 1월 세계 최정상급 팝페라 그룹 〈일 디 보〉의 콘서트를 시작으로 2015년 5월 팝 역사상 가장 위대한 밴드 '비틀즈(The Beatles)'의 멤버였던 폴 매카트니의 내한공연까지 9년간 20차례에 걸쳐 진행됐다. 콘서트를 매년 2.3회꼴로 개최한 것이다. 레이디 가가, 비욘세, 빌리 조엘, 스팅, 스티비 원더, 휘트니 휴스턴 등 세계 최정상의 아티스트가 현대카드 〈슈퍼콘서트〉의 주인공으로 한국 무대에 섰다. 보통의 기업이 예전부터 해 온 일회성 행사 후원에서 벗어나 현대카드는 〈슈퍼콘서트〉를 연례화해 시리즈로 만들었다.

콘서트 자체만 보면 현대카드의 수익은 마이너스이다. 현대카드는 단독 타이틀 스폰서이자 주최사로 전체 비용의 상당 부분을 부담하지만 공연 티켓 수익에는 전혀 관여하지 않는다. 〈슈퍼콘서트〉는 현대카드가 광고와 홍보, 부대 행사를 맡고 공연 기획사가 무대 연출과 아티스트를 책임지는 구조로 이루어졌다. 현대카

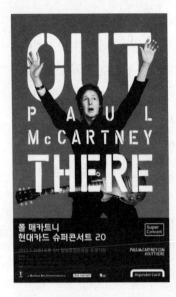

[그림 4-5]
현대카드 슈퍼콘서트 20
폴 매카트니(Paul McCartney)의
공연포스터

드는 〈슈퍼콘서트〉 개최로 기업 이미지를 제고하고 브랜드 인지
도를 끌어올렸다. 우선 〈슈퍼콘서트〉는 현대카드의 고객 기반을
넓혀 준다. 주요 고객은 20~30대 젊은 층이며, 특히 문화소비자
라 부르는 20~30대 여성 가입자를 유인할 수 있었다. 가입자는
〈슈퍼콘서트〉 티켓을 구매할 때 현대카드로 결제하면 할인 혜택
을 받을 수 있어 현대카드 사용률은 매년 꾸준히 증가하고 있다.
2006년 첫 콘서트 때는 티켓 구매자 64%가 현대카드로 결제했지
만 2009년 4회 때는 이 수치가 84%까지 치솟았다. 2010년 8월 스
티비 원더 공연 이후 현대카드 결제율이 90%대를 유지하고 있다.
　이는 현대카드가 최근 급격히 늘어나는 문화공연 애호가의 필
수 아이템으로 자리 잡아 가고 있다는 것을 말해 준다. 〈슈퍼콘서
트〉가 일회성 행사로 끝나지 않고 매년 2~3회씩 열리기 때문에
팬 입장에서는 현대카드를 발급받으면 두고두고 그 혜택을 누릴

수 있다. 공연장을 자주 찾는 고객은 세계 최고 수준의 공연을 현대카드만의 할인혜택으로 볼 수 있는 기회를 얻는다는 장점이 있다.

현대카드의 서비스는 단순히 가격 할인에 그치지 않는다. 콘서트에는 당대 최고의 아티스트를 초대하고 행사 진행이나 주변 환경, 관람 환경에서 국내 다른 행사에서 찾아볼 수 없는 서비스를 제공한다. 카드회사의 정체성을 잘 보여 주는 카드 형식의 입장권과 스탠딩 관객의 피로를 덜어 주기 위해 준비하는 비타민 음료, 공연에 사용하는 야광봉 디자인까지 현대카드 특유의 세심함이 콘서트 전반에 녹아 있다. 최고·최초(best & first) 전략으로 슈퍼스타 뮤지션을 섭외한 〈슈퍼콘서트〉가 현대카드의 문화마케팅의 성공요인으로 작용한 것이다. 이상의 현대카드 〈슈퍼콘서트〉의 성공요인은 다음 몇 가지로 요약할 수 있다.

첫째, 〈슈퍼콘서트〉는 최고의 아티스트 섭외로 공연의 희소성을 소비자에게 전달하였다. 현대카드 측은 "사람들이 듣는 순간 흥분과 설렘을 느낄 수 있는 아티스트, 각 영역에서 레전드(전설)를 섭외한다는 게 원칙"이라며 "최고·최초 전략으로 희소가치가 있는 아티스트를 선정한다."고 밝혔다.

둘째, 현대카드와 공연기획사 간 상생전략이다. 현대카드는 타이틀 스폰서 비용을 지급하는 대신 마케팅과 언론홍보 등 공연 시작부터 끝까지 모든 과정을 직접 챙긴다. 하지만 공연 수입에는 일체 관여하지 않으며 업계 관례인 공짜 티켓 제공도 요구하지 않는다. 이러한 상생의 파트너십이 최정상급 아티스트의 섭외를 가능하게 하여 공연시장의 확대에도 크게 기여했다.

셋째, 현대카드는 문화마케팅으로 브랜드 인지도를 높였다. 슈퍼콘서트 1회당 현대카드가 타이틀 스폰서 비용으로 최대 20억 원을 지출하는 것으로 업계는 추정한다. 현대카드는 〈슈퍼콘서트〉 공연을 통해 고급스러우면서도 최신 트렌드를 이끈다는 인식을 넓혀 가면서 다른 카드와는 다른 정체성을 갖는 데 성공하였다. 슈퍼콘서트는 현대카드로 결제해야 한다는 인식이 퍼지면서 현대카드 결제율이 최근 90%를 넘어섰다.

결국 현대카드의 성공적인 문화마케팅 비결은 '파격', '역발상', '이벤트' 등이다. 금융 서비스에 치중해 있던 기존 업계의 마케팅 방향을 현대카드가 파격적으로 바꾼 것이다. 〈슈퍼콘서트〉, 디자인 요소 강화, 카드 서비스의 새로운 범주 제공 등 현대카드가 진행한 마케팅은 광고라기보다 문화산업, 사회공헌에 가깝다. 이러한 점 덕분에 현대카드는 문화 이미지를 체화해 다른 카드사와 차별화되는 문화기업이라는 이미지를 구축할 수 있었다.

빅데이터를 활용한 문화마케팅

빅데이터를 활용한 문화마케팅

1. 문화산업에서 빅데이터가 필요한 이유

사람들이 디지털 사용 흔적을 인터넷과 모바일, SNS에 남기면서 2011년 이후 빅데이터가 화두로 떠오르고 있다. 문화산업에서도 빅데이터는 트렌드나 이미지 분석, 마케팅 최적화를 위한 분석 등에 활용되고 있다.

빅데이터(Big Data)란 일반적인 데이터베이스 체계가 저장, 관리, 분석할 수 있는 범위를 초과하는 규모의 데이터를 의미한다(McKinsey, 2011). 쉽게 설명하면 빅데이터는 수십에서 수천 테라바이트 정도의 거대한 크기를 갖고, 여러 가지 다양한 비정형 데이터를 포함하며, 생성-유통-소비가 몇 초에서 몇 시간 단위로 일어나 기존의 방식으로 관리와 분석이 어려운 데이터의 집합을 말한다.

세계적인 분석 회사 가트너(Gartner)는 빅데이터의 3대 요소로 데이터의 크기(volume), 데이터 속도(velocity), 데이터의 다양성(variety) 등 '3V'를 들었으며, 여기에 데이터 처리로 복잡성(complexity)을 추가하였다.

첫 번째 특징인 '데이터의 크기'는 데이터 양을 의미한다. 빅데이터는 적게는 수 테라바이트에서 많게는 수 페타바이트 정도 크기의 데이터 집합을 지칭한다.

두 번째 특징인 '생성속도'는 데이터를 추출 및 처리하는 속도를 의미한다. 시장조사업체 IDC(International Data Corporation)는 2020년까지 매년 40제타바이트(1제타바이트는 1조 기가바이트)의 데이터가 기하급수적으로 생성될 것으로 예측하였다.

세 번째 특징인 '다양성'은 기존 정형 데이터 외에 분산된 데이터(비정형 데이터)의 분석과 관련이 있다. 정형 데이터는 고객데이터, 경쟁업체 데이터 등 기업이나 마케팅팀이 이용 가능한 데이터를 말하지만 최근에는 SNS, 블로그, 뉴스 등의 비정형 데이터도 처리해야 하는 등 데이터의 형태가 매우 다양해지고 있다.

마지막으로 데이터 작업 자체의 '복잡성'이 문제이다. 즉, 데이터 종류의 확대, 외부 데이터의 활용으로 관리 대상이 증가하고 데이터 관리 및 처리가 복잡해지면서 신속한 실행을 해야 하는 민첩성이 요구된다.

이처럼 기존의 방법으로는 수집, 검색, 분석이 어려운 방대한 크기의 빅데이터가 문화산업에 필요한 이유는 무엇일까? 무엇보다 변덕스러운 문화소비자의 마음을 읽어서 욕망을 알아내는 데 빅데이터가 필요하다.

문화산업은 유행 흐름을 주도하고 시장 트렌드를 파악해야 하는 '관심산업(attention industries)'이다. 마케터는 고객 형태나 시장 트렌드를 파악하기 위해서 데이터를 활용해 고객에게 차별화된 가치를 제공하여야 한다.

소비자의 취향이 변덕스러운 문화산업에서 데이터 주도적 마케팅을 하기 위해서는 빅데이터의 도입이 이루어져야 한다. 빅데이터 마케팅은 고객 참여를 촉진하고, 마케팅 성과를 높이고, 조직 내부의 책임을 측정하기 위해서 빅데이터에서 통찰을 수집하고 분석하고 실행하는 과정이다. 특히 빅데이터는 정형 데이터 외에 비정형 데이터까지 포함하여 분석할 수 있기 때문에 소비자의 다양한 욕구를 충족할 수 있다.

따라서 빅데이터가 필요한 이유는 다음과 같이 다섯 가지로 요약할 수 있다(이양환, 2013).

첫째로, 소비자세분화와 맞춤형 비즈니스 활동을 가능케 한다는 점을 들 수 있다. 시장세분화에 이은 소비자에 대한 맞춤형 서비스는 앞으로 빅데이터의 활용이 점차 다양해짐에 따라 함께 진화해 나갈 것이다. 여기서 정보를 생산해 내는 사람 간의 협업과 그 결과로 얻어지는 지식체계를 말하는 집단지성(collective intelligence)의 활용이 기대된다. 서비스 생산자뿐만 아니라 소비자까지 포함한 다양한 사람이 쏟아내는 정보를 모은 집단지성의 결과물이 실시간으로 분석되고 제공되면서 지금과는 또 다른 맞춤형 서비스의 등장이 예견되고 있다.

둘째로, 빅데이터의 활용은 산업의 투명성을 높여 효율성을 제고해 준다. 빅데이터의 산업적 활용은 생산자와 소비자, 자금을 대는 사람과 실행자 사이의 간격을 줄여 주고, 실시간 확인이 가능케 한다. 또한 이들에게 필요한 데이터를 빠르고 신속하게 제공해 줌으로써 불필요한 행위와 그로 인한 낭비를 줄여 준다. 문화산업의 경우, 각 기관별로 진행되고 있는 지원사업에 대한 데이터를 한 번에 모아서 실시간으로 정부, 각 유관 기관, 문화계 종사자, 소비자에게 제공한다면, 문화산업과 콘텐츠에 지원되는 내용의 중복이나 지원사업 진행상의 지체 현상을 다수 줄일 수 있을 것이다.

셋째로, 마케터나 정책담당자의 의사결정을 보조하거나 대신하는 기능을 수행하기도 한다. 개인 차원에서 빅데이터 정보를 매우 유용하게 사용하고 있다. 예를 들어, 어떤 작품에 대한 품평이 온라인에 올라오고, 그에 대한 집계가 관객평 등의 이름으로 수치로 올라오는데, 많은 사람이 그 평가에 의존하여 작품을 볼지 다른 것을 찾을지 결정한다. 공적 차원에서도 문화산업정책을 만들거나 법제도를 만드는 상황에서 빅데이터의 정보를 참고할 수 있다.

넷째로, 빅데이터 분석은 소비자 또는 빅데이터를 구성하는 일련의 이슈에 대한 실험(experiment)을 가능케 함으로써, 이후 상황에 맞는 대처 방법을 알려 준다. 실제 구글(Google)은 이용자의 검색 행위와 관련한 다양한 실험 상황을 만들고 분석해 앞으로 자신들이 개선해야 할 문제점을 도출하거나 검색 결과의 제시 방식을 바꾸는 등의 결정에 참고할 정보를 얻는다. 이것이 구글의 성장에 큰 밑거름이 됐음은 두말할 필요가 없다. 우리나라도 문화산업과 연관된 자료를 모아 빅데이터를 구축한다면, 특정 행위와 이슈의 인과관계를 찾기 위한 실험 집단을 구성하여 그 결과를 비교하는 작업을 수시로 진행하고 또 반복해야 할 것이다. 그 결과는 문화콘텐츠의 수요 대상과 현재 트렌드를 예측하고, 맞춤형 정책을 수립하는 기초 자료가 될 것이다.

마지막으로, 빅데이터는 비즈니스 모델의 정립과 서비스의 혁신을 가능케 한다. 빅데이터는 기본적으로 우리가 지금까지 보지 못한 새로운 정보를 제공해 주며, 따라서 새로운 비즈니스 모델을 제시해 검증할 수 있는 토대를 제공한다. 또한 이미 제시되었으나 그 성패를 예견할 수 없었던 비즈니스 모델의 성공 가능성도 제시할 수 있다. 현재 우리나라의 문화산업은 비즈니스 모델의 정립에 어려움을 겪고 있다. 현재의 환경에서 외국의 사례를 벤치마킹한 다 해서 우리의 실정에 맞는 새로운 모델을 찾아내기는 매우 어렵 다. 만약 우리 산업 구성원의 데이터를 빅데이터화할 수 있고, 그 에 대한 적절한 분석방법을 개발할 수 있다면 우리의 실정에 맞는 비즈니스 모델을 찾아내고 혁신을 이룰 수 있는 기폭제로 작용할 수 있을 것이다.

현재 우리나라 문화산업을 한 단계 끌어올리기 위해서는 빅데 이터의 활용이 필요하며, 데이터베이스 구축에 큰 관심을 기울여 야 할 것이다. 문화콘텐츠 산업의 각종 데이터를 수집하고 관리할 수 있는 표준화된 시스템을 구축하고, 장르 간 상호 융합이 가능 한 전산망을 구축하여 빅데이터 분석의 기초환경을 만드는 토대 를 마련해야 한다.

2. 문화산업에서 빅데이터의 활용 유형

문화산업 분야에서 빅데이터는 주로 소셜 데이터를 이용하여 이미지 분석(브랜드 분석), 트렌드 분석, 위기관리, 스토리텔링 도 구, 마케팅 활용 등을 위한 목적으로 활용된다(윤홍근, 2013).

첫째, 이미지 분석은 사람들의 라이프스타일, 유명인사의 이미 지 변화 등 우리 삶 전반에 투영된 대중의 생각과 불만, 욕망을 데 이터에서 뽑아내 해석하는 법을 의미한다. 브랜드 분석과 유사한 의미의 이미지 분석은 특정 제품이나 서비스 등에 대해 사람들의 마음을 데이터를 통해서 읽어 내는 것이다.

소셜분석 업체인 다음소프트가 서바이벌 프로그램 〈나는 가수다〉와 〈위대한 탄생〉 2개 프로그램에 대한 텍스트 마이닝(text mining) 결과 시청자 의견이 차별적으로 제시되었다. 즉 〈나는 가수다〉는 새롭고 충격적일 만큼 대단하며 〈위대한 탄생〉은 약간 부족하지만 결과가 궁금하다는 의견이 나와 이를 통해 차별성이 감지되었다(송길영, 2011).

둘째, 트렌드 분석은 시대적 흐름이나 트렌드를 파악해 새로운 변화를 수용하여 제품이나 서비스 경쟁력을 확보하는 데 있어 중요하다. 트렌드 세터(trend setter)는 유행을 만들고 소비를 리드하는 이들로 미래의 트렌드를 예측하고 읽어 내는 사람이다. 대표적인 트렌드 세터로 꼽히는 사람은 연예인이다.

2012년 엔터테인먼트 산업의 최대 화두는 싸이의 '강남스타일 열풍'이었다. 'B급 정서'를 담은 강남스타일의 성공 비결은 빅데이터에 있었다. 가수 싸이의 '강남스타일'은 유튜브 조회수 10억 건을 넘기며 전 세계에 케이팝 문화를 확산하였다. 결국 싸이의 성공 비결은 정보통신기술 환경을 기반으로 한 소셜미디어의 힘에서 찾아야 한다.

유행을 만들어 내는 패션회사 자라(Zara)의 사례는 빅데이터의 가치를 잘 보여 준다. 자라는 1975년 스페인의 작은 상점에서 출발해 '신속한 고객맞춤전략'에 기초한 패스트 패션(fast fashion) 전략으로 글로벌 기업으로 성장하였다. 자라는 일반 패션 업체와 달리 유행을 신속히 포착해 몇 주 이내에 디자인과 생산, 매장 진열과정을 완성하는 초스피드 공급을 채택했다.

또한 고객의 다양한 요구를 충족하기 위해 저가상품을 출시하는 다품종 소량생산 방식을 선택했다. 이 같은 비결은 실시간으로 유입되는 판매데이터를 바탕으로 빅데이터를 이용해 시점에 따라 적절한 상품을 어떤 매장에 진열하면 좋을지를 분석한 결과에 있었다(장영재, 2012).

셋째, 위기관리(risk management)는 위기발생 이전부터 위기발생, 사후 복구까지 전 과정을 모니터링하여 신속하게 문제를 해결하는 방안이다.

최근 가수 비의 연예사병 휴가 논란처럼 위기관리는 소셜미디어에 대한 실시간 모니터링으로 위험요소를 조기에 발견하고 체계적으로 대응하는 시스템을 의미한다. 주로 위기관리는 연예매니지먼트나 유명 인사를 대상으로 SNS의 모니터링을 통하여 위기 상황에 신속하고 책임 있는 문제해결능력을 보여 주는 것이다.

'멤버 왕따설'의 티아라 사태나 카라의 '해체설' 등 위기대응 매뉴얼을 통해 사전 방지와 피해를 최소화할 수 있다는 교훈을 주는 사례이다.

넷째, 출판 분야에서도 빅데이터를 스토리텔링 도구로 활용하고 있다. 미국의 웹콘텐츠 분석업체인 파스닷리(Parse.ly)는 일종의 웹 애널리틱스 도구로 한 달 사용료가 약 500달러인 '대시(Dash)'라는 프로그램을 통해 어떤 콘텐츠에 사람들이 관심이 보이는지, 또 어떤 유형의 콘텐츠가 앞으로 유망한지 판단하고 예측한다.

편집자는 파스닷리의 분석도구를 이용하면 어느 웹사이트의 어떤 것이 독자의 관심을 끄는지 알 수 있고, 관심 대상을 저자, 주제, 장르, 소개된 사이트, 등장 빈도의 추세 및 기타 지표에 따라 분류할 수 있다.

이화여자대학교 이인화 교수팀은 '스토리헬퍼'라는 스토리 창작

〈표 5-1〉 문화산업 분야에서 빅데이터의 활용 유형

활용 유형	내 용
이미지 분석 (브랜드 분석)	• 이미지 분석은 사람들의 라이프스타일, 유명인 이미지 변화 등에 대한 대중의 생각과 불만, 욕망을 데이터에서 추출하는 방법 • 브랜드 분석과 유사하며 특정제품이나 서비스 등에 대해 사람들의 마음을 데이터를 통해 읽어 내는 것
트렌드 분석	• 시대적 흐름이나 트렌드를 파악해 새로운 변화를 수용하는 것이 제품이나 서비스 경쟁력 확보에 중요 • 빅데이터의 분석을 통하여 트렌드를 찾아내어 시장에서 유리한 포지션을 잡기 위한 프로모션전략 설정
위기관리	• 위기의 발생 이전부터 위기발생, 사후복구까지 전 과정을 포괄하는 개념 • 연예매지니먼트, 유명인사를 대상으로 SNS 모니터링을 통하여 위기상황에 신속하고 책임 있는 문제 해결
스토리텔링 도구	• 출판 분야에서 저자, 주제, 장르 등의 빅데이터 분류를 통하여 수행하는 스토리텔링 분석
마케팅 활용	• 기업활동 및 고객 데이터 분석을 통한 타킷 마케팅에 활용

출처: 윤홍근(2013).

지원 프로그램을 제작하여 작가의 창작 고민을 해결해 주고 있다. 스토리헬퍼는 기존 영화와 애니메이션 시나리오 1300편에서 모티브 4만 2000개를 뽑아내 데이터베이스를 만들어 작가의 구상과 가장 유사한 이야기를 검색하여 시나리오를 만드는 과정 자체를 돕는 역할을 하고 있다. 이런 데이터를 바탕으로 '동물과의 우정', '남편이 바람 핀 상황'과 같이 대표 이야기 틀 205개를 분류했다.

 실제로 시스템을 작동해 보니 2008년 영화 〈아바타〉는 1990년 제작된 〈늑대와 함께 춤을〉이라는 영화와 87% 유사했고, 한국 영화 〈최종병기 활〉과 할리우드 영화 〈아포칼립토〉 역시 스토리 구조상 79%가 비슷했다. 이인화 교수는 2012년 11월 출간한 『지옥설계도』 역시 스토리헬퍼를 이용해 집필했다. 국내 특허 출원과

PCT 국제 특허 출원을 완료한 스토리헬퍼는 2013년 3월 무료로 공개되어 사용되고 있다.

다섯째, 빅데이터는 기업 활동 및 고객 데이터 분석을 통한 타깃 마케팅에 활용된다.

미국 넷플릭스의 '시네매치(Cinematch)'는 고객 데이터를 바탕으로 개인 취향에 맞는 영화를 추천해 주는 시스템을 도입했다. 시네매치는 가입 회원의 DVD 클릭 패턴, 대여 목록 및 DVD 반납 후 평가점수를 기반으로 취향을 분석해 고객을 위한 DVD를 자동으로 추천한다. 이러한 넷플릭스의 추천 시스템 '시네매치'를 보고 고객은 다양한 영화를 감상할 수 있었고, 이를 통해 다양한 유형의 영화가 유통되었다. 넷플랙스는 SNS 기반 평점 시스템을 통해 가입자에게 적합한 영화를 제시하는 등의 혁신적인 기능 개발로 신작 영화에 집중된 DVD 수요를 롱테일로 확대하는 데 성공했으며, 콘텐츠 사업자에게 추가 수입의 기회를 제공하는 등 마케팅 최적화에 기여하였다.

또한 넷플릭스는 업계 최초로 2013년 3700만여 자사 가입자의 이용 이력을 분석하여 제작과 기획단계에서부터 이용자의 취향에 따른 시리즈 기획과 연출, 연기자 캐스팅, 유통방식(한 번에 전편 공개)을 결정한 오리지널 드라마 〈하우스 오브 카드〉를 제작했다. 이 드라마는 미국 내에서만 2700만 명이 시청하며 VOD 서비스 가격 인상으로 실적 급락을 겪어 온 넷플릭스가 반등하는 데 큰 공을 세웠으며, 빅데이터의 고객 니즈 예측 위력을 콘텐츠 업계에 입증했다.

개인 맞춤형 추천기업은 영화, 책, 음악, 쇼핑, TV프로그램, 인터넷 콘텐츠, 신문이나 잡지 등 문화산업 관련 분야에 광범하게 활용되고 있다. 앞에서 언급된 넷플렉스가 개발한 '시네매치'가 가장 많이 사용하는 협업 필터링 기법이 적용된 것이다. 이 기법은 온라인 추천시스템 기반이 되는 기술로 구매, 시청, 청취 등 고객의 유사한 행위나 평가정보의 맞춤형 마케팅에 적극 활용되고 있다.

협업 필터링(collaborative filtering) 기법 많은 사용자에게서 얻은 기호정보 (taste information)에 따라 사용자의 관심사를 자동으로 예측하게 해 주는 방법이다. 협력 필터링 접근법의 가정은 사용자의 과거 경향이 미래에도 그대로 유지될 것이라는 것을 전제하고 있다. 예를 들어, 음악에 관한 협력 필터링 혹은 추천 시스템은 사용자의 기호(좋음, 싫음)에 대한 부분적인 목록을 이용하여 해당 사용자의 음악에 대한 기호를 예측하게 된다. 따라서 이 기법은 비슷한 취향을 가진 고객에게 서로 아직 구매하지 않은 상품을 교차 추천하거나 분류된 고객의 취향이나 생활 형태에 따라 관련 상품을 추천하는 형태의 서비스를 제공하기 위해 사용된다.

3. 우리나라 문화산업에서 빅데이터의 활용 사례

우리나라에서도 방송, 음악, 출판, 영화, 게임, 패션 등 다양한 문화산업 분야에서 빅데이터를 적극 활용하고 있다.

일반적으로 빅데이터 분석은 사람들이 주로 이용하는 단어와 함께 언급되는 단어의 빈도수를 분석하는 '정량적 일상관찰 기법'을 사용한다. 빅데이터 분석 기법의 하나인 '텍스트 마이닝'은 소셜미디어상에 등록된 텍스트를 문장의 형태소 단위로 분석하여 맥락화된 사람들의 욕망을 분석해 낸다.

방송 분야에서는 SNS에 남긴 시청자의 흔적을 모아 텍스트 마이닝 기법을 통해 데이터를 분석하여 시청자의 반응이나 프로그램의 사전 홍보, 피드백 등에 적극 활용하고 있다. 실제로 2013년 11월 JTBC 프로그램 〈썰전〉에서는 텍스트 마이닝 분석 기술을 이용하여 최근 5년간 국민 여동생 칭호를 얻은 여자 연예인을 분석했다. 포털사이트, SNS, 블로그 등 연관 검색어를 빅데이터 분석을 통해 긍정, 부정, 중립으로 분류하여 국민 여동생 이미지에 가까운 연예인을 분석한 결과, 아이유가 국민 여동생 타이틀 1위를 차지했다. 이어 2위는 문근영, 3위 김연아, 4위 수지, 5위 박보영, 6위 소희, 7위 손연재 순으로 나타났다.

연예매니지먼트 분야에서도 인기 아이돌 그룹이 네티즌의 평가를 기초로 유닛 그룹을 결성하여 성공을 거두었다. 인기 아이돌 그룹 '소녀시대'에 대한 네티즌의 평가를 활용하여 유닛그룹인 '소녀시대-태티서'가 구성되어 성공을 거두었다. 소셜 분석업체인 와이즈넛은 2008년 3월부터 2009년 2월까지 '소녀시대'를 검색키워드로 포털사이트와 블로그를 검색한 결과, 윤아는 외모, 태연은 재능에서 가장 높은 평가를 받고 있으며, 막내 서현은 이미지 면에서 네티즌의 가장 큰 지지를 받고 있는 것으로 조사됐다. 이런 결과를 바탕으로 SM엔터테인먼트는 태연, 티파니, 서현 3명의 멤버로 구성된 '소녀시대-태티서'를 결성하여 미니음반 'TWINKLE'을 발표하였다. 인터넷 게시글을 수집하여 텍스트 마이닝 기법을 활용한 소녀시대의 이미지 분석이 음악적 재능과 퍼포먼스, 스타일 등을 고려한 유닛그룹을 결성하는 계기가 됐다.

영화 분야에서는 관객의 영화 인지도 · 호감도 및 언급량 분석 등 소셜 데이터와 연동하여 영화 흥행 마케팅 및 흥행을 예측하기

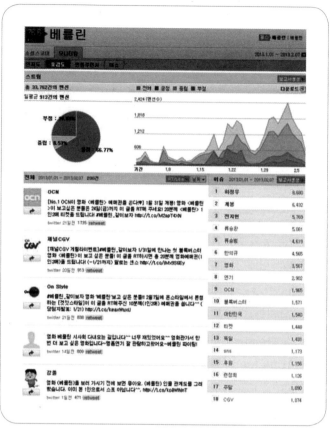

[그림 5-1] 빅데이터 분석(소셜분석)에 따른 〈베를린〉 개봉 이후 버즈량 추이

도 한다.

코난테크놀로지는 2012년에 개봉된 영화 〈베를린〉에 대한 트위터 게시물 수백만 건을 분석해 영화의 인지도와 호감도를 측정하고, 개봉 이후 트위터상에 언급량 변화와 이슈로 떠오른 관련 인물의 순위, 파워 트위터의 영향력 등을 파악하여 영화 흥행 마케팅에 활용하였다.

이처럼 영화 기획 및 제작 단계에서는 잠재소비자와 관련된 방대한 데이터를 수집·분석하여 콘텐츠를 기획·제작함으로써 실패 가능성을 최소화할 수 있다. 또한 배급 및 마케팅 단계에서는 빅데이터 분석을 통해 특정 지역과 특정 연령대 소비자의 선호도를 파악하여 배급시기, 홍보비 지출 등 효율적인 마케팅전략을 수립할 수 있다.

게임 분야의 경우 게임이용자의 플레이정보 데이터를 분석하여 게임서비스를 유저의 요구에 맞게 개선할 수 있다. 조이맥스의 자회사 링크투모로우는 이용자가 남긴 24시간 기준, 일주일 기준, 매월 기준 등의 데이터를 분석하여 게임 서비스를 유지·보수하면서 다시 업데이트와 릴리즈(적용)를 반복하여 일본 시장에서 '윈드러너'를 성공시켰다.

최근 케이팝과 한국 드라마에 대한 검색량을 분석하여 한류의 현주소를 확인하는 흥미로운 연구 결과가 나왔다. 구글 트렌드를 통해 123명(팀)의 케이팝 가수와 274편의 한국 드라마 검색량 추이를 분석하여 한류의 확산 실태를 확인하였다(이지홍·김민희, 2014).

분석 결과 케이팝, 한국 드라마 중심의 한류 확산이 실제 방한 관광객 수, 소비재 제품의 수출과 높은 상관관계를 보였다. 국가별로는 한류 성장국가(미국, 터키, 아랍, 인도 등)의 한국 관광객 수가 한류 검색량과 상관관계가 높은 것으로 나타났다. 한류 성숙국가(대만, 베트남, 일본, 중국)의 경우에는 드라마보다는 케이팝과 상관관계가 더 높게 나타났다.이러한 현상은 이미 드라마를 통해 한류가 많이 확산된 지역은 드라마에 대한 관심의 증가세가 다소 둔화된 시기에 한류에 대한 관심도가 케이팝을 통해 다시 증가했기 때문으로 해석된다.

　결국 빅데이터를 분석하여 소비자의 욕망을 잘 읽어 내면 기업에 새로운 부가가치를 선사할 수도 있다. 영화나 드라마와 같은 흥행 리스크가 큰 문화산업 분야는 빅데이터 기업 활용으로 실패 가능성을 최소화하고 소비자의 선호도를 파악하여 마케팅전략을 효율적으로 수립할 수 있다.

chapter 6

문화마케팅의 확장

문화마케팅의 확장

문화산업의 주역인 브랜드마케팅 및 스타마케팅, 문화상품에 이야기를 담는 스토리텔링마케팅, 한국 대중문화의 세계화를 목표로 하는 한류마케팅 등이 문화마케팅 응용 분야로서 최근 부각하고 있으며, 문화산업의 핵심가치를 창출하는 주요 수단으로 활용되고 있다.

1. 브랜드마케팅

브랜드마케팅은 제품이든 서비스이든 모든 유형적이고 무형적인 것을 포함하며, 특정 상품과 서비스를 판매하고 기업 이미지를 제고하기 위한 마케팅 커뮤니케이션을 의미한다. 엔터테인먼트 기업은 자사 브랜드나 공연 프로그램, 연예인(스타), 파생상품으로 그들의 브랜드를 무한 복제하려는 경향이 있다. 브랜드 확장은 원래 의도한 상품이나 서비스를 넘어서서 기존의 확립된 브랜드명을 적용하는 것이다. 예를 들어 넌버벌 공연상품인 〈난타〉는 〈어린이 난타〉, 〈주부 난타〉, 〈난타 캐릭터 개발〉 등의 공연상품 속성을 마케팅 대상에 따라 브랜드를 확장하였다. 이처럼 문화시장에 유·무형의 상품과 서비스를 브랜드화하는 것은 제품 차별화나 반복 구매, 부가가치를 높이려는 이유 때문이다.

문화상품을 브랜드화한 이유

과거에는 브랜드라 생각되지 않던 공연 프로그램, 축제명, 유명연예인 등이 이제는 브랜드로 취급되고 있다. 예를 들면 〈난타〉와 〈점프〉 같은 공연 프로그램은 물론 함평 나비축제, 무주 반딧불축제 등 지방자치단체의 축제 브랜드, 심지어 싸이(Psy), 조용필, 아이유 등 유명 연예인까지 브랜드화되고 있다.

이렇듯 문화상품이 브랜드화하는 것은 경험재와 신용재의 특성이 강한 문화상품이 브랜드(brand)로 만들어지면서 소비자에게 신뢰도를 높여 경쟁에 유리한 고지를 점령할 수 있다는 강점이 있기 때문이다. 문화상품은 전형적인 경험재로서 상품이 소비되기전에 소비자가 그 효용을 가늠하기 어렵고 따라서 브랜드에 따라 좌우될 가능성이 많은 상품 유형에 속한다(Shapiro & Varian, 1999).

대표적인 문화상품인 공연은 경험재 특성으로 인해 브랜드 의존도가 일반 제품보다 크다. 관객은 실제로 공연을 관람하기 전에 공연이 좋은지 나쁜지 알기 힘들다. 즉 신뢰할 만한 극장이나 단체의 공연에 대한 관객의 신뢰는 높다. 브랜드 제품에는 고객을 '단골'로 만드는 힘이 있다. '예술의전당 공연은 믿을 만하다', '무용은 국립발레단 공연만 본다'와 같이 마음에 든 브랜드 제품을 고객이 반복해서 구매하는 경향을 보이는 것이다(김승미, 2008).

브랜드화된 문화상품의 특징은 다음과 같다.

첫 번째는 브랜드화한 문화상품은 제품이나 서비스에 문화적 이미지를 체화하여 타 제품과 차별화하는 것을 기본 목표로 한다. 문화상품 브랜드는 소비자에게 자신만의 이미지를 확고하게 자리 매김할 수 있고 기업의 지향점과 브랜드 정체성을 정확히 인식하게 하는 기능을 한다.

두 번째는 소비자는 특정 문화브랜드를 선호함으로써 자신의 의사를 간접적으로 표출하는 데 활용한다. 예를 들어, 이름이 알려진 공연작품이나 예술단체를 선호하고 자주 관람함으로써 자신의 취향이나 기호를 돋보이기를 원하는 경우가 있다.

세 번째는 문화상품 브랜드는 밴드왜건 효과, 베블런 효과와 같은 네트워크 효과를 유발할 가능성이 높다. 벤드왜건 효과는 많은 사람이 특정 재화를 갖고 있다는 것이 구매동기가 된다는 것이다. 문화상품도 밴드왜건 효과에 의해 구매하는 경향을 띤다. 대표적으로 이순신 장군의 열풍으로 영화 〈명량〉을 보게 되면서 관객이 흥행영화에 쏠리는 현상을 들 수 있다. 베블런 효과는 사람들이 특정 브랜드를 자랑하고 싶은 것이 구매동기가 된다는 것을 말한다. 특히 부유층이 오페라, 오리지널 뮤지컬, 발레 등 고가의 티켓을 과시욕으로 구매하는 사례가 많다.

마지막으로 문화상품 브랜드는 판매촉진 기능이나 부가가치를 높이는 효과를 가진다. 특정 문화상품 브랜드 제품이면 무조건 사고자 하는 고객이 많은 경우 이는 판매를 촉진하는 가장 강력한 원동력이 된다. 삼성전자와 LG전자, CJ 등 국내 기업이 제품에 문화지원, 문화연출 등을 각인하여 자사가 생산한 제품을 고가의 명품으로 팔리게 하는 문화마케팅의 효과를 거둘 수 있다. 문화마케팅이 기업 이미지뿐만 아니라 브랜드 이미지, 구매의사에도 간접적으로 영향을 미치며, 활발한 문화마케팅을 통해 기업 및 브랜드 이미지를 소비자에게 제고하여야 할 것이다.

밴드왜건 효과(bandwagon effect) 서부개척시대 역마차 밴드웨건에서 나온 말로, 금광이 발견되었다는 소식을 들으면 밴드웨건이 요란한 음악을 연주하는 악대를 선두에 세우고 그러면 많은 사람이 그 뒤를 따라가고, 그걸 본 다른 사람은 뭔가 싶어 또 그 뒤를 따른다는 것이다. 밴드웨건 효과는 특정 상품의 수요가 가격이나 품질이 아니라 다른 이의 수요에 의해 영향을 받는 것으로 유행에 따라 상품을 구매하는 소비현상을 지칭하며 '편승효과'라고도 불린다.

베블런 효과(Veblen effect) 미국의 사회학자 베블런이 『유한계급론(*The Theory of Leisure Class*)』(1899)에서 주장한 이론으로 소비재의 가격이 상승하는데도 오히려 수요가 증가하는 현상을 의미한다. 사회적 지위나 부를 과시하기 위한 허영심에 의해 수요가 발생하기 때문에 가장 비쌀수록 소비가 늘어난다. 베블런 효과를 마케팅에 적용하여 기업이 고급화, 차별화, 고가정책을 펼치기도 한다.

문화상품 브랜드의 유형

문화상품 브랜드화의 대상이 되는 것은 유형의 제품부터 서비스, 개인, 예술공연 브랜드, 조직브랜드, 장소브랜드, 문화유산 브랜드 등 다양하다.

여기에서는 개인 브랜드, 예술공연 브랜드, 조직브랜드, 장소브랜드, 문화유산 브랜드 등 몇 가지 중요한 유형을 살펴보기로 한다.

우선, 예능인, 정치인, 스포츠 선수 등 유명인을 브랜드 대상으로 삼는 개인 브랜드가 대표적인 유형이다. 영화업계에서는 배우와 감독의 브랜드화를 볼 수 있다. 한국 영화에서는 스타 배우의 출연에 흥행이 달려 있다. 송강호, 설경구, 장동건, 원빈 등의 스타가 흥행 보증수표로 꼽힌다. 영화라는 상품에 있어 스타감독은 영화의 완성도, 스타일, 예술성, 재미까지 보장해 주기 때문에 영화를 브랜드화하는 요소로서 작용한다. 우리나라에서도 강우석 감독, 강제규 감독, 박찬욱 감독 등이 흥행력 높은 감독으로 인정을 받으면서 스타감독이 관객의 영화관람 결정에 결정적인 역할을 하고 있다(강승구 · 장일, 2009).

이와 같이 유명인의 개인 브랜드가 스타마케팅이나 퍼스널 브랜드와 밀접히 연결된다. 스타마케팅이 스타를 활용한 마케팅 전개를 하는 것이라면 퍼스널 마케팅은 특정 개인이 '이름값'을 높이고 유지하는 마케팅전략을 의미한다. 1990년 중반 '서태지와 아이들'이라는 거물 스타가 탄생하면서 스타마케팅이란 말이 떠오른 계기가 되었다. 서태지 이후로 가수를 중심으로 활발하게 스타마케팅이 이루어지다 그 이후 서서히 탤런트, 배우, 개그맨 등 전 분야의 연예인을 대상으로 확산되었다. 기업도 '브랜드=스타'라는 동일시 효과를 통해 스타의 매력이나 장점을 브랜드 특성으로 전이할 수 있다는 장점이 있기 때문에 자사의 제품 홍보나 광고에 스타마케팅을 철저히 활용하고 있다. 특히 영화, 뮤지컬 등에서도 흥행성을 보장하는 스타가 출연하면서 티켓파워를 높이는 데 크게 기여하고 있다.

예술공연의 이벤트도 브랜드화의 대상이다. 〈난타〉와 〈점프〉 같은 공연 브랜드는 넌버벌 공연으로서 관객에게서 꾸준한 사랑을 받고 있다. 〈난타〉는 대한민국을 대표하는 공연상품으로 브랜드 가치를 인정받고 있으며 기획자인 송승환 대표도 〈난타〉라는 브랜드를 연상시키는 긍정적 이미지로 작용하고 있다. 〈점프〉는 한국의 전통무예인 태권도와 택견을 중심으로 한 동양무술에 신체의 아름다움을 극대화한 고난이도의 아크로바틱, 그리고 유쾌한 코미디를 혼합하여 화려하면서도 짜릿한 무술을 선보이는 코믹 퍼포먼스로 각광을 받고 있다.

문화기업이나 문화예술단체는 영리 또는 비영리 조직으로서 조직브랜드에 포함된다. 국립극장, 세종문화회관, 예술의전당과 같은 비영리조직 중에도 독자의 마크나 브랜드를 가지고 활동하는 사례가 많다. 그러나 조직브랜드를 너무 강하게 드러내면 개별 제품이나 개인 브랜드에게 혼란을 줄 수 있으므로 문화상품 브랜드에서 조직브랜드의 영향력은 미약한 편이다. 단지 문화 관련 기업이나 단체는 내부 조직의 효율적인 운영을 위해서 회사 브랜드를 체계적으로 관리하고 있다.

원산지를 강조하는 장소 브랜드가 지역축제와 맞물려 강조되고 있다. 1990년대 중반 이후 우리나라도 유명 관광지나 특정 지역의 특산물을 주제로 한 이벤트 등도 브랜드화의 대상이 되고 있다. 지역 브랜드나 도시 브랜드가 각광을 받고 있다.

예를 들면 함평 나비축제, 무주 반딧불축제, 대관령 눈꽃축제, 전주 한지문화축제 등 전국 지방자치단체가 축제 브랜드를 통한 지역 고유의 문화와 특산품을 알리는 비즈니스를 경쟁적으로 펼치고 있다. 지역 축제가 주민의 공동체의식을 높이고 관광수익에도 큰 보탬이 되면서 지역 특산품과 문화상품 판매에 축제브랜드를 적극 활용하고 있는 것이다.

전통문화를 강조하는 문화유산 브랜드가 문화상품으로 개발되고 있다. 문화관광부(현 문화체육관광부)는 2007년 '한스타일 육성 종합계획'에 따라 한국 고유문화의 6대 분야(한글, 한식, 한복, 한옥, 한지, 한국 음악)를 브랜드화하고, 이들 분야를 생활화·산

[그림 6-1] 난타 출연진의 캐릭터 상품화

업화하여 세계적인 문화명품으로 육성하기 위한 사업을 진행하였다.

태권도와 안동 하회탈은 한국을 대표하는 브랜드이자 문화상품으로 개발되고 있다. 안동 하회탈은 국제사회에서 한국과 한국인을 상징하는 캐릭터와 아이콘으로 민족문화의 전통을 상징하는 문화유산 브랜드로 자리매김하고 있다. 이 밖에 도자기, 침선, 합죽선 등 전통공예품도 문화유산 브랜드로 상품화되고 있다.

3대 엔터테인먼트회사의 브랜드화 작업

1995년 가수 이수만에 의해 설립된 SM엔터테인먼트가 2004년 4월에 코스닥 시장에 주식을 상장하면서 본격적인 성장세에 돌입했고, 그 뒤를 이어 박진영과 양현석에 의해 설립된 JYP엔터테인먼트(1996년), YG엔터테인먼트(1998년)가 SM의 대항마로 나서면서 성장세를 이어 가고 있다. 이들 엔터테인먼트 기업은 1990년대 후반 한류 바람이 일면서 해외 진출을 위하여 자체 브랜드를 체계적으로 관리하기 시작했다.

브랜드 이미지 평가 차원에서 우리나라 대표 3개 엔터테인먼트 기업의 브랜드에 대한 인식이 차별적으로 나타나는 것으로 드러났다. 이가(2014)는 2014년 7월 5일부터 4일간 중국인 팬의 활동이 많은 3개 인터넷 커뮤니티(신랑웨이보, 웨이신, 바이두 티에바) 게시판에서 260명을 대상으로 온라인 설문조사를 실시하였다. 그는 브랜드 각각에 대한 중국인 팬의 이미지 인식 차이를 알아보기 위하여 '진실성', '강인함', '창의성', '매력성' 등 4개 항목의 25개 문항을 구성하였다.

우리나라 3대 엔터테인먼트 기업에 대한 중국인 팬의 브랜드 이미지를 조사한 결과, YG는 '창의성'이 가장 높은 평가를 받았는데, 이는 YG 소속 가수의 역량이 지각된 품질 평가에 반영된 결과라고 할 수 있다.

이와 달리 SM의 경우 '진실성'이 가장 낮은 평가를 받았다. 이는 동방신기 해체사건, 슈퍼주니어 멤버 한경의 계약 해지사건, 소녀시대 제시카 퇴출사건 등으로 인한 중국인 팬의 불만과 우려가 반영된 결과라고 할 수 있다.

JYP는 매력성이라는 이미지 항목에서 유일하게 '여성스럽다'는 문항이 2개 기업 브랜드보다 강한 것으로 나타났다. 이는 최근 수지, 페이, 선미 같은 JYP 소속 여성 가수들의 중국 활동이 활발하기 때문이라고 해석할 수 있었다.

싸이, 빅뱅, 2NE1 등 개성 강한 스타를 보유한 연예기획사 YG

〈표 6-1〉 3대 엔터테인먼트 기업의 브랜드 이미지 비교

회사 항목	SM		YG		JYP	
	평균	편차	평균	편차	평균	편차
진실성	3.00	1.07	**3.67**	0.95	3.29	0.82
강인함	3.67	1.03	**3.82**	0.93	3.26	0.80
창의성	3.57	1.11	**3.88**	0.92	3.26	0.81
매력성	3.57	1.02	**3.64**	0.93	3.22	0.79

엔터테인먼트는 회사의 정체성도 살리고 스타의 이미지도 망가뜨리지 않는 브랜드전략을 수립했다. 2012년 YG는 브랜드 경험 컨설팅사인 플러스엑스(PlusX)에 브랜드 리뉴얼을 의뢰하여 디자인 에센스(로고, 컬러, 서체, 그래픽모티브, 소재 등)와 브랜드 가이드북을 제작하였다(주재우, 2013).

YG엔터테인먼트 간판인 빅뱅, 싸이, 2NE1, 이하이 등은 〈강남스타일〉의 가사처럼 울퉁불퉁한 개성을 강조한다. 외모도 노래도 제각각 튀는 스타일이다. 이렇게 YG에서 생산되는 개별 제품이 '진화, 독창적 정체성, 창의적 사고, 뛰어난 품질' 등 브랜드의 개성을 담아내어 '서로의 개성과 능력을 존중하는 기획사'라는 핵심 아이덴티티(core identity)를 구축하였다. YG는 브랜딩과정을 통해서 통일성 있는 YG로고 서체를 개발하고 무채색(회색, 검은색)을 이용한 컬러를 사용하여 사원증, 명함, 수첩, 볼펜 등 다양한 아이템에 적용하였다.

YG는 최근 뉴미디어 사업에 관심을 두면서 KT, 디스트릭트 등과 함께 Next Interactive K라는 홀로그램 콘텐츠 제작 및 유통사업에 진출하였다.

국내 1위 회사인 SM엔터테인먼트는 재능 있는 아티스트 발굴

및 시장성 있는 음악으로 선도적 위치를 차지하고 있다. SM은 엘 레트로닉(electronic) 기반에 비트가 빠르고 중독성 있는 가사가 특징인 퍼포먼스 중심의 음악스타일을 만들어 왔으며, 최근 들어 SM은 외국 작곡가의 곡을 통해 기존의 SM 스타일을 고수하면서 도 신선함을 더하는 시도를 하고 있다. SM은 기존 스타마케팅 및 음반 관련 사업에 주력하면서 2006년에는 노래방 기기 제조 및 운영사업에, 2008년에는 SM F&B Development라는 외식 프랜 차이즈 업체에 투자했으며, 브랜드 컨설팅을 하는 SM Brand Marketing이라는 회사를 설립하였다. 또한 SM은 부동산 레저 시설 개발인 엠스튜디오에 투자했고, 2010년에는 이랜드와 패션 의류 조인트벤처인 아렐을 설립하고, 여행회사인 비티앤아이를 인수하는 등 자신의 브랜드를 철저히 활용해 사업을 다각화하고 있다.

JYP엔터테인먼트는 가수 출신이자 프로듀서인 박진영이 설립 한 회사로 회사 전체 브랜드보다 박진영 자신의 브랜드가 더 부각 되고 있다. JYP는 JYP USA를 설립하여 원더걸스의 미국시장 진 출의 계기로 삼은 이후 JYP China, JYP Japan 등을 잇따라 설립 하여 해외진출에 나섰으나 큰 성과를 거두지는 못했다. 결국 2013년 JYP는 공들인 미국 시장에서 철수했다. 2011년 미국 진 출 확대를 위해 120만 달러를 투자해 설립한 JYP크리에이티브는 수익 악화를 이유로 1년 만에 문을 닫았다. JYP도 사업다각화 차 원에서 JYP Foods라는 외식 사업에 진출했으며, 2012년에 JYP Pictures라는 영화 제작사에 투자했다가 손실을 입었다.

3대 엔터테인먼트회사는 공통적으로 자사 소속 아티스트를 동 원해 해외 공연을 펼치며 브랜드 파워를 과시하고 있다. 빅3 기획

[그림 6-2] SM타운 라이브 공연 모습

사가 각각 SM타운, YG패밀리, JYP네이션이라는 타이틀로 공연을 펼치며 공연 브랜드의 인지도를 높여 나가고 있다.

'SM타운 라이브'는 2008년부터 첫 투어를 시작한 이래 서울, LA, 파리, 뉴욕, 도쿄, 베이징 등 세계 주요 도시에서 공연을 개최하며 SM의 브랜드 파워를 높여 왔다. SM은 2011년에는 프랑스 파리에서 한국 최초 단일 브랜드 공연을 펼친 후 동방신기, 슈퍼주니어, 소녀시대, 샤이니, 엑소 등 한류 정상급 그룹을 출연시키는 'SM타운 라이브(SMTOWN LIVE)'를 4회나 개최하였다.

YG도 패밀리 콘서트로 브랜드 공연의 시너지를 보여 주었다. YG는 2014년 4월과 5월 일본 도쿄 돔, 오사카 쿄세라 돔에서 '와이지 패밀리 월드투어 2014-파워-인 재팬(YG Family World Tour 2014 Power-in Japan)'을 개최하며 21만 명의 관객을 동원했다. YG는 지난 2003년부터 YG 패밀리라는 이름으로 각종 콘서

아이돌 팝 중심의 글로벌 기획사
브랜드 개성: 세련미, 스타성
슬로건: The future of culture technology

흑인음악 중심의 글로벌 기획사
브랜드 개성: 창조성, 개성, Familism
슬로건: WITNESS THE CHANGE

힙합음악 중심의 글로벌 기획사
브랜드 개성: 박진영 색깔, 패션성
슬로건: Leader in Entertainment

[그림 6-3] 3대 엔터테인먼트의 브랜드 특징

트를 개최하며 브랜드를 알렸다. 이후 YG는 2007년 빅뱅의 성장과 함께 급격히 영향력을 키웠으며, 2NE1, 에픽하이와 월드스타 싸이의 합류로 YG패밀리가 글로벌 브랜드로 자리매김하는 데 성공하였다.

JYP는 2010년 'JYP 네이션 팀플레이'와 2012년 'JYP 네이션'에 이어 올해 '2014 JYP 네이션-원 마이크(2014 JYP NATION-ONE MIC)'를 개최하였다. JYP 네이션은 2014년 8월 서울 잠실실내체육관에서 서울 공연을 개최하며 이후 홍콩, 일본까지 아시아 3개국에서 공연을 펼쳤다. JYP 네이션은 2PM, 2AM, Miss A 등 JYP 소속 아티스트 특유의 끈끈한 모습과 팀플레이를 강조하는 것이 콘서트의 특징이다.

우리나라 3대 엔터테인먼트회사의 공연 브랜드는 수준 높은 품질과 스타성 높은 가수를 출연시켜 종합선물세트 같은 공연을 선보임으로써 한류 확산의 교두보가 되고 있다.

2. 스타마케팅

스타마케팅 개념과 번들링

스타마케팅이란 '스타의 대중적 인기를 상품, 서비스, 이벤트, 사회봉사 활동 등에 연계하여 진행하는 마케팅전략'이며, 이때 스타는 문화상품이라고 볼 수 있다. 따라서 스타는 다양한 문화상품의 파생시장을 형성하는 파워를 지니고 있다. 결국 스타를 활용한 마케팅 전개를 하는 것이 스타마케팅이며, 이는 스타를 활용한 문화마케팅에 해당된다. 스타마케팅의 영역은 상품 판매나 서비스는 물론 불우이웃돕기 등 사회봉사 활동, 정치인의 선거, 기업의 이미지전략 등 모든 분야로 확대되고 있다(허행량, 2002).

다른 방법으로 스타마케팅을 설명한다면 스타와 고객, 그리고 브랜드의 상호작용으로 설명할 수 있다. 먼저 스타와 브랜드의 관계를 보면, 스타는 브랜드를 홍보해 주고 브랜드는 스타를 후원하고 협찬해 준다. 다음으로 스타와 고객과의 관계를 보면 스타는 고객에게 즐거움을 주는 대신에 고객은 스타를 추종한다. 고객과 브랜드의 관계에서는 고객은 브랜드 상품을 구매함으로써 브랜드로 하여금 이윤을 얻게 해 주고, 브랜드는 고객에게 대리만족의 기회를 준다.

스타는 사회·경제적 가치를 갖는 문화 상품이다. 또한 스타는 사회적 권력자로 팬을 움직이고, 막대한 파생상품을 만들어 낸다. 반면 스타의 인기는 모래성과 같고 스타가 되려는 경쟁은 갈수록 치열해지고 있다. 따라서 스타를 만들어 그들의 힘을 키우고 체계적으로 관리하기 위한 스타마케팅이 생겨났다. 뿐만 아니라 최근에는 경쟁이 더욱 치열해져서 제품의 성능, 기능 면에서 차별화하는 데는 한계가 있어 스타마케팅에 대한 관심이 더욱 높아지게 되었다. 한마디로 스타마케팅이란 스타를 활용해 상품이나 서비스를 마케팅하면서 동시에 스타를 마케팅하는 전략이다. 즉, 영화에 출연하는 스타가 영화를 홍보하기도 하지만 다른 한편으로는 스타 자신도 함께 홍보하여 더 큰 스타덤의 반열에 올라서기도 한다.

이런 스타마케팅에 편승한 한류 열풍은 스타가 직접 외화를 벌어들이는 수출상품이면서 스타마케팅을 통해 다른 상품의 판매량을 증대하고 국가 이미지를 제고한다는 사실을 보여 준다. 문화상품의 유통은 단순한 상품 유통에 그치지 않고 트로이 목마처럼 그속에 담긴 스타의 유통을 가져온다. 한류를 결정한 것은 문화상품 → 출연 스타의 인기 급증 → 한류 순서로 발생한 것이다. 즉 장동건, 이영애, 조인성, 송혜교 등 우리나라의 유명배우가 문화상품인 드라마에 출연함으로써 중국과 베트남 등에서 인기를 얻고 자연스럽게 한류 열풍이 뒤따른 것이다.

영화나 드라마에서 스타는 흥행을 좌우한다. 스타는 문화상품의 상표 겸 보증 수표이다. 스타는 그 자체가 상품이면서 상품을 차별화해 주는 수단이다. '스타=상품'이란 등식은 스타의 유일무이한 이미지가 시장에서 거래될 수 있는 상품이라는 의미이다. 그렇기 때문에 영화나 드라마에 흥행 보증수표인 일급스타를 주인공으로 캐스팅하고, 상품차별화의 도구로서 일급스타가 미디어에서 노출되고 기용되는 것이다.

일류 영화사의 경우 흥행 보증수표인 한석규, 송강호, 정우성과 같은 슈퍼스타를 캐스팅하려고 하며, 그들을 캐스팅하면 영화의 흥행 가능성을 더욱 높일 수 있다. 문화상품의 소비자 크기는 문화상품을 전달하는 채널, 문화상품 속의 스타, 문화상품이 전달하고자 하는 메시지 등 세 변수의 합작품이다. 스타의 인기, 채널의 인기, 메시지의 인기가 화학반응을 일으켜 소비자 크기를 결정하는 것이다. 이 때문에 미디어는 소비자를 극대화하기 위해 일류 채널, 일류 스타, 일류 메시지 간의 결합을 선호한다.

또 다른 연예 스타의 번들링(bundling)은 기획사가 솔로 가수보다 그룹을 선호하는 이유에서 찾을 수 있다. 슈퍼주니어와 동방신기, 소녀시대, 빅뱅처럼 그룹 선호 추세는 번들링과 밀접한 관계가 있다. 즉, 그룹의 경우 멤버가 갖는 독특한 장점을 결합해 새로운 화학작용인 시너지 효과를 발휘할 수 있다. 또한 그룹은 그룹의 멤버가 늘어날수록 해체 위험이 높아지고 수익을 배분해야 하기 때문에 가수 개인으로서는 해가 되지만 기획사로서는 그룹을 마음대로 관리할 수 있는 장점이 있다.

여러 명의 가수나 연예인이 출연하는 쇼프로그램도 스타 번들링의 좋은 사례이다. 대표적인 예가 MBC의 〈무한도전〉으로 유재석과 노홍철, 정준하, 박명수, 황광희 6명의 스타를 공동 주연으로 출연시켜 좌충우돌하면서 매주 새로운 과제를 해결하는 모습을 보여 주고 있다.

스타마케팅의 활용은 연극이나 뮤지컬에서 많은 편이다. 2006년 공연된 뮤지컬 〈지킬 앤 하이드〉에서 주연을 맡은 배우 조승우는 당시 한국 초연인 공연임에도 높은 관객점유율을 끌어내며 뮤지컬을 대중에게 한층 더 가깝게 선보이는 데 큰 역할을 했다. 이후 조승우는 2009년 말 공연 1000회를 넘긴 히트 뮤지컬 〈헤드윅〉에서 스타급 연기자로서 성장했다. 조승우의 영입으로 성공 사례를 경험한 뮤지컬 업계는 〈아이다〉의 옥주현, 〈잭더리퍼〉의 신성우와 안재욱, 〈모차르트〉의 시아준수, 〈금발이 너무해〉의 제시카 등 많은 스타를 흥행을 위해 영입하였다.

따라서 스타를 기용해 흥행의 안정성을 높이는 스타마케팅 전략은 영화, 드라마, 뮤지컬, 연극, 음악 등 문화산업의 다양한 장르에서 나타나고 있다.

AMAP 시스템과 스타의 탄생 요인

매슬로(A. H. Maslow)의 '욕구 5단계이론(needs hierarchy theory)'처럼 체계적이고 조직적인 과정을 통해 최고의 정상급 스타가 만들어진다는 이론이 AMAP(Artist-Manager-Agent-Producer의 단계를 거친다는 의미에서 앞글자를 따서 만든 것) 시스템이다. AMAP 시스템은 최고의 스타가 되기 위해 개인의 재능(능력)과 노력에 따라 계층적으로 관여하고 협력하는 단계를 보여 주는 체계이다. 먼저 하위 단계에는 아티스트(Artist)가 있고,

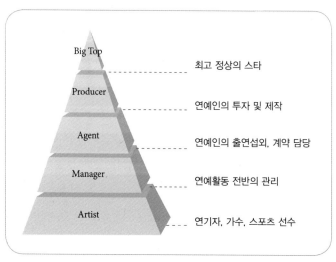

[그림 6–4] AMAP 시스템과 계단으로 오르는 스타

아티스트의 활동을 전반적으로 관리하는 매니저(Manager)가 그 다음 단계에 있고, 매니저 위에 에이전트(Agent)가 배우의 출연섭외를 중개하고 계약을 체결하는 연예활동을 관리하며, 그다음 단계로 프로듀서(Producer)가 배우나 가수를 캐스팅하거나 음반제작에 관여하면서 최고의 톱스타를 키워 내는 것이다. 미국의 스타시스템은 연예인이 노동조합에 가입해 권리와 복지에 대한 도움을 받으며 매니저와 에이전트를 고용해 연예활동을 영위하고 있다. 그러나 우리나라와 일본은 미국의 스타시스템과 달리 기획사에서 연예인의 발굴과 교육까지 담당하며 모든 것을 투자하고 관리하는 시스템이다.

미국은 매니저나 에이전트 업무와 제작 업무가 분리되어 최고 정점인 'Big Top'(원래는 큰 천막, 대규모 서커스란 뜻으로 여기서는 최고 정상에 위치한 스타를 말함. 이를테면 브래드 피트, 안젤리나 졸리, 레오나르도 디카프리오 등)을 키워 내기 위해서 단계별로 역할 비중이 차이가 나는 것으로 나타났다. AMAP 시스템은 최고의 스타까지 올라가기 위해서 하위 단계에서 상위 단계를 향해 계층적으로 스타를 체계적으로 관리하고 역할을 분담하고 있는 것이다. 즉, AMAP 시스템은 아티스트(하위 단계)가 점차 계단을 밟으면서 매니저, 에이전트, 프로듀서를 거치면서 상위 단계인 최고의 스타가 되는 단계를 거친다는 것이 핵심이다.

할리우드나 우리나라 연예계는 엘리베이터를 타고 올라가는 스타보다 한 계단 한 계단 올라가서 자신의 재능과 실력을 보여 주는 스타가 인기를 더 오래 지속하고 팬덤을 확고히 유지한다. 예를 들어 레이프 가렛, 피비 케이츠, 크레용팝, 천상지희 더 그레이스 같은 연예인은 사람들로부터 열광적인 주목을 받다가 외면을

당하는 '반짝스타'로 볼 수 있다. 아이돌 스타는 실력보다 외모에 치중된 면이 많고 어린 나이에 스타로 등극해 자기관리가 안 돼 그 인기를 오래 유지하기 어려운 경우가 많다. 이에 반해 조용필 이나 이미자, 나훈아, 남진, 주현미 같은 가수는 아이돌보다 탄탄한 실력과 실적을 이루며 계단을 타고 올라가면서 오랫동안 인기를 유지하여 최고의 정상까지 오를 수 있었다.

스타가 되기 위해서는 인맥(네트워크), 기획사(개인) 투자, 스폰서십, 콘테스트 같은 과정을 거친다.

첫째, 엽관주의(spoils system)를 통한 인맥이 스타의 열망을 실현해 준다. '승자에게 전리품이 속한다(to the victor belong the spoils)'는 엽관주의, 즉 연예계의 네트워크(인맥)에 의해 캐스팅이 좌우되고, 스타로 갈 수 있는 기반이 마련된다. 물론 배우(가수)에게는 기본기와 기술(능력)이 필요하다. 재능과 능력을 갖추었다는 전제하에 인맥집단이 작용하여 스타의 반열에 올라갈 수 있는 것이다. 예능인이 여러 프로그램에 동반 출연하고 시너지 효과를 내면서 인맥 라인을 구축하거나 연예인 2, 3세가 부모의 후광을 업고 연예계에 진출하는 것이 대표적인 사례이다.

둘째, 투자를 통해 스타가 되는 경우이다. 연예기획사는 신인배우나 연기 지망생을 대상으로 오랜 훈련을 거쳐 연기력과 끼, 재능을 갖춘 스타로 만드는 경우가 많다. 실제로 가수 보아를 데뷔시키기 위해서 SM엔터테인먼트는 3년간 30억 원의 투자를 했을 정도로 스타를 조기 발굴하여 육성하는 것이 중요하다.

셋째, 스폰서십(sponsorship)을 통해 스타를 육성하는 과정이다. 스폰서십은 기업이 월드컵, 올림픽 등과 같은 스포츠이벤트, 프로 스포츠 팀이나 리그, 유명 선수 등 다양한 스포츠 분야는 물론 배우나 가수 등 연예인을 대상으로 지원이나 후원 활동을 하는 행위이다. 이런 스폰서십 마케팅은 우호적인 기업 이미지 강화와 고객과의 친밀감 형성 등 직간접적인 홍보 및 마케팅 효과에 대한 기대도 있지만 기업시민으로서 사회책임 수행과 스타를 육성·발굴하는 데 후원을 한다는 공익적 관점도 있다.

넷째, 미인모델 선발대회나 오디션 프로그램 등과 같은 콘테스트가 전문화된 스타 육성시스템의 발판이다. 오디션 프로그램의 경우 참가자를 합숙시키며 여러 분야의 전문가로 하여금 참가자에게 스타로서 갖추어야 할 전문적인 교육을 함으로써 단순한 오디션이 아닌 스타육성 프로그램으로 자리 잡고 있다. 예를 들어 MBC의 〈복면가왕〉과 〈나는 가수다〉, SBS 〈기적의 오디션〉, 〈케이팝스타〉, 엠넷 〈슈퍼스타K 시리즈〉, 아리랑TV 〈서바이벌 컨텐더스〉 등이 재능 있는 스타를 발굴하는 서바이벌 오디션 프로그램으로 인기를 끌고 있다.

결국 스타는 자신의 재능과 체계적 훈련, 행운, 노력 등 다양한 변수가 작용하면서 최정상급 스타가 되는 것이다. "빨리 올라간 만큼 빨리 내려와야 한다"는 교훈이 있듯이 스타는 엘리베이터를 타고 올라가는 것보다 계단을 차근차근 올라가는 것이 수명을 길게 유지하는 지름길이다.

디지털 팬덤의 진화

팬덤(fandom)은 스타를 중심으로 한 팬의 다양한 문화를 지칭한다. 스타가 신처럼 떠받들어지는 존재라면 팬은 스타의 추종자로서 스타를 자신들의 문화 속에 수용하는 것이다. 보통 팬덤은 '광신자'를 뜻하는 영어 fanatic의 'fan'과 '영지(領地) 또는 나라'를 뜻하는 접미사 'dom'의 합성어로서 특정 인물(연예인)이나 분야를 열성적으로 좋아하거나 몰입하여 그 속에 빠져드는 사람을 가리키는 말이다.

존 피스크(John Fisk)는 팬덤을 수용의 차원이 아니라 생산성의 측면에서 이해해야 한다고 설명했다. 즉, 팬덤 문화 속에서 새로운 이미지, 텍스트, 패션 등이 만들어지는데 이러한 문화적 기호를 단순히 소비하는 것뿐만 아니라 생산함으로써 하위 문화적 소통과 유대가 이루어진다.

우리나라 팬덤의 원조라고 하면 단연 1990년대에 등장한 문화대통령 서태지이다. 그 뒤로 H.O.T, god 등 1세대 아이돌의 활약이 이어졌고, 인터넷의 발달과 함께 팬덤은 조직화되어 대중적으로 뿌리를 내렸다. 연예인으로 시작된 팬덤 현상은 이후 특정 정치인을 지지하는 세력, 스포츠 스타, 특정 제품 선호현상 등 새로운 형태로 발전했다. 현재 대한민국 최고의 인기를 구가한 아이돌 그룹 엑소(EXO)에 이르기까지 팬덤 문화는 다양한 영역으로 확장하였다.

최근 팬 문화가 달라지고 있다. 연예인의 이름을 딴 숲을 조성하거나 콘서트 때 쌀 화환 기부, 봉사활동, 헌혈 등 다양한 팬덤 문화가 형성되고 있다. 팬은 기획사가 만들어 내는 문화를 일방적으로 소비하기보다는 자체적으로 표현하고 문화를 만들어 간다. 자신이 좋아하는 가수의 음원을 끊임없이 스트리밍해 음원 차트 순위에 일조하고, 연예인이 출연하는 드라마·영화 제작발표회 현장에 쌀 화환을 보내는 것은 기본이다. 촬영장에 밥차나 간식을 지원하기도 한다. 버스·지하철·신문 광고를 제작해 본인이 좋아하는 스타를 다수에게 홍보도 한다.

특히 연예인의 이름을 딴 숲을 조성하는 등 팬심이 환경보호 부문으로 확대되면서 스타의 이미지도 높이고 있다. 2013년 8월 걸그룹 '소녀시대' 멤버 생일을 기념해 팬들이 여의도에 나무를 심어 '소녀시대 숲'을 조성한 것이 계기가 돼 일대에는 '엑소 숲', '인피니트 숲' 등 약 3400㎡ 부지의 '스타 숲'이 조성됐다. 연예인의 생일을 맞아 결식아동이나 환우에 성금을 보내는 것은 흔하며, 다문화 가정 및 도서 지역 아동을 위한 도서관을 건립(박유천 팬)하거나 연예인을 따라 독거노인을 위한 연탄배달 봉사(이효리 팬)에 나선 팬도 있다.

디지털 기술이 발전하면서 시공간의 제약을 뛰어넘으며 사람들은 가상공간에서도 만남을 이어 갈 수 있게 되었다. 공통된 취향과 애호의 세계인 팬덤은 디지털 기술의 만남을 통해 더욱 파급적이고 강한 디지털 팬덤으로 나아가고 있다.

국경을 초월한 글로벌 팬덤이 만들어 낸 월드스타의 탄생 역시 마찬가지이다. 대표적 사례로 유튜브 채널로 뮤직비디오가 처음 알려진 후 빌보드차트 2위까지 올라 세계적으로 〈강남스타일〉 돌풍을 일으킨 가수 싸이가 있다. 글로벌 팬덤은 유튜브나 트위터, 페이스북 등 소셜미디어를 통해 시공간을 초월해 소통하며, 문화 기호층으로 직접적으로 활동한다.

한류스타 비(정지훈)는 한류를 넘어서 할리우드에 진출하면서 글로벌 스타로 발돋움하고 있다. 가수 출신인 비는 2002년 타이틀곡 〈나쁜 남자〉로 데뷔하며 국내에서 인기를 끌었다. 2004년 배우 송혜교와 함께 주연을 맡은 드라마 〈풀하우스〉가 아시아 지역에 수출되고, 2005년 홍콩 콘서트 〈It's Rainy Day〉 등을 통해서 아시아 스타 비로 자리를 잡았다. 이후 2009년 할리우드에 진출하여 〈닌자 어쌔신〉과 〈스피드 레이서〉에 출연하면서 아시아 스타에서 글로벌 슈퍼 스타로 격상하였다. 가수 비는 한국 스타에서 아시아 스타, 글로벌 스타로 자신의 창구 영역을 확장하면서 큰 인기와 이윤을 창출할 수 있었다. 가수 비가 글로벌 팬덤을 만들어 낸 것은 인터넷 팬클럽 사이트(SNS)가 활성화되어 자신의 팬덤을 확산하였기 때문이다.

스타 탄생의 장벽이 낮아지면서 이전과는 다르게 팬덤의 주기가 짧아질 것으로 보인다. 현재의 팬덤은 과거처럼 맹목적으로 스타를 추종하는 성향이 줄었다. 빠르고 폭넓게 정보를 습득하고 공유할 수 있게 되면서 팬덤도 더욱 스마트해졌다. 이와 같이 팬덤도 디지털화·글로벌화되면서 자신이 추종하는 스타에 대한 충성도가 과거에 비해 더욱 낮아졌으며, 스타를 관리하는 엔터테인먼트회사도 팬 활동에 사용되는 다양한 디지털 플랫폼의 등장으로 팬덤 관리가 과거보다 힘들어졌다.

3. 스토리텔링마케팅

스토리텔링마케팅 개념과 성공요인

스토리텔링이란 스토리(story)와 텔링(telling)의 합성어로 이야기를 들려주는 활동이다. 즉, 스토리텔링은 사건에 대한 진술이 지배적인 담화양식이다. 사건 진술의 내용을 이야기라고 하고 사건 진술의 형식을 담화라 할 때 스토리텔링은 이야기, 담화, 이야기가 담화로 변화하는 과정을 모두 포괄하는 개념이다(이인화, 2014).

형식에 있어서 스토리텔링은 사건, 인물, 배경이라는 구성요소를 가지며 시작과 중간과 끝이라는 사건의 시간 연쇄로 기술된다. 내용은 사건에 대한 순수한 지식이 아니라 화자의 주인공이라는 인물을 통해 사건을 겪은 사람의 경험을 전달한다. 이런 이유로 스토리텔링은 사고 체험이라기보다 감정 체험에 가까우며 스토리텔링이 의도하는 것은 지식의 기억이 아니라 감정의 기억이다.

또한 이야기와 문화는 밀접한 관계가 있다. 사람들은 생활 속에서 이야기를 찾고 이야기를 통해서 다른 사람과 커뮤니케이션 활동을 한다.

성공하는 기업에는 항상 강력하고 재미있는 이야기가 뒤따른다. 애플 역시 스토링텔링이 있는 대표적 기업이다. 최고경영자(CEO) 스티브 잡스의 삶 자체가 애플이라는 기업의 본질을 전달하고 있다. 스티브 잡스는 갓난아기 때 입양되어 대학을 자퇴한 이후 자신이 세운 회사 애플에서 해고당하고 다시 CEO에 복귀하는 등 극적인 스토리를 가지고 있다. 스티브 잡스 스토리는 바로 애플이라는 기업의 본질이라고 할 수 있다. 독특하고 약간은 괴짜 같은 창의성이 넘치는 도전적인 스티브 잡스의 이런 스토리는 그와 그가 거느리는 기업인 애플의 본질을 말하고 있다.

스티브 잡스가 만든 매력적인 스토리와 애플 제품이 전해 주는 감성이 사람들에게 강력한 공감을 느끼게 만든 것이다. 그래서 '애플빠'라는 신조어가 생기고 애플의 신제품이 나올 때마다 매장 앞에 그것을 사기 위해 엄청난 줄을 서는 것이다. 이것은 애플이 그들의 스토리를 마케팅에 적용하는 것에도 놀라운 능력을 발휘한다는 것을 보여 준다(조윤제, 2012).

스토리텔링은 최근 디지털 스토리텔링으로 발전하고 있다. 디지털 스토리텔링이란 디지털과 스토리텔링이 만나 디지털 소프트웨어를 사용하여 이야기를 전개하는 것이다. 게임과 디지털 영화, 애니메이션 등은 이야기, 인물, 미스터리 등 서사 형식에 디지털 기술을 접목하여 개방형 이야기 전개방식이나 특정 목표(재미, 교육)를 달성할 수 있게 한다.

덴마크의 미래학자 롤프 옌센(Rolf Jensen)은 『꿈의 사회(*Dream Society*)』(2007)라는 책에서 사회가 정보사회에서 '꿈의 사회'로 발전하고 있다고 전망한다. 이러한 꿈의 사회에서는 꿈과 감성을 파는 감성시장(emotional market)이 커지고, 감성과 상상력을 자극하는 이야기가 담긴 상품이 잘 팔린다.

그만큼 사람들은 이야기에 열광하고 이야기 관련 사업에 관심이 많다는 것이다. 기업도 상품에 얽힌 이야기를 광고와 판촉에 활용하는 전략을 적극적으로 구사하고 있으며, 제품이나 브랜드에 이야기를 덧입혀 친근하게 풀어 가는 마케팅전략을 사용하고 있다.

기업이 마케팅 활동에 이야기(story)를 도입함으로써 단순히 물건을 사는 것이 아니라 그 물건에 담긴 이야기를 즐기도록 하는 감성지향적 마케팅 활동을 통해서 소비자와 접점을 찾아가고 있다. 그렇다면 소비자의 마음을 열기 위한 스토리텔링마케팅을 효과적으로 실행하기 위한 방안은 무엇일까?

첫째, 뻔한 스토리는 배제하여야 한다. 소비자가 가장 좋아할 수 있고 자사 상품의 독특한 가치를 가장 잘 설명할 수 있는 매력적인 스토리가 필요하다. 매력적이고 차별화된 스토리 발굴을 위해서는 기업 내·외부(내부공모, 소비자)의 다양한 의견을 수집하여야 한다.

둘째, 이야기는 재미와 경험이 생명이다. 스토리텔링마케팅 역시 이러한 추세를 반영해서 진지함을 벗고 때로는 일상적인 것을 약간 비틀 수도 있어야 한다. 스토리텔링 마케팅이 단순한 정보 전달에 그치지 않기 위해서는 소비자와의 직접적인 커뮤니케이션을 통한 경험을 제공할 수 있어야 한다. 소비자가 느끼는 스토리 경험은 브랜드와 소비자가 교감을 형성하는 데 도움이 된다.

셋째, 멀티 채널의 활용도를 높여야 한다. 기업은 브랜드 스토리를 전달하기 위한 수단으로서보다 다양한 채널을 복합적으로 활용하여야 한다. 소비자가 브랜드에 접할 수 있는 접점을 다원화함으로써 브랜드 스토리 전파의 효과를 극대화할 수 있다. 스토리를 전달할 수 있는 채널은 TV, 신문, 인터넷, 영화, 책, 기업 역사관, 강연 등으로 매우 다양하다. 기업은 이런 멀티 채널을 활용하여 상호 간의 연계성을 더욱 높일 수 있어야 한다.

넷째, 스토리 문화를 창출하여야 한다. 스토리텔링마케팅의 궁극적인 목표는 스토리 문화를 창출하는 것이다. 기업은 제품 자체가 아니라 브랜드 스토리가 품고 있는 철학을 강조함으로써 소비 이상의 것, 즉 문화를 만들 수 있어야 한다.

할리데이비슨 오토바이는 반항적이면서도 낭만을 중요시하는 고유의 이야기 문화를 가지고 있는 것으로 유명하다. 사람들이 할리데이비슨을 생각할 때 떠올리는 가죽 재킷과 붉은 두건, HOG(Harley Owners Group)라는 커뮤니티 등은 바로 이야기 문화의 산물이다.

다섯째, 스토리를 다양한 분야로 활용을 확대하여야 한다. 기업은 스토리텔링마케팅을 일반 소비재뿐만 아니라 애니메이션, 게임, 출판, 디자인, 건축 등 다양한 산업에서 활용하여야 한다. 이는 탄탄한 스토리가 가지는 설득의 힘을 통해 상품 및 서비스의 가치를 제고할 수 있을 것이다.

여섯째, 호소력 있는 브랜드 스토리의 구축이 필요하다. 스토리는 사건과 인물, 구성의 3박자가 제대로 맞아야 힘을 발휘한다. 성공하는 브랜드에는 매력적인 이야기가 있음을 명심하고 기업도 단순한 상품 판매자가 아닌 훌륭한 이야기꾼이 되어야 한다.

특히 스토리텔링마케팅은 소비자에게 감성적으로 다가가 브랜드를 친숙하게 느껴 마음에 들게 하는 커뮤니케이션 활동이다. 즉, 스토리텔링마케팅의 궁극적인 목표는 '스토리 문화'를 창출하는 것이라 할 수 있다. 기업은 흥미 위주의 일시적인 스토리텔링이 아닌 일관적이고 지속적인 스토리텔링을 통해 브랜드가 가진 철학을 강조함으로써 소비 이상의 문화가치를 만들 수 있어야 한다.

스토리텔링마케팅 유형

제품이나 브랜드가 들려줄 수 있는 스토리텔링 방식은 다양하다. 기업은 소비자의 더 많은 호감을 유도하기 위해 재미있는 이야기 형태로 메시지를 전달하는 방법의 필요성이 점차 더 커지고 있다. 따라서 기업은 스토리텔링 방법을 사용하여 소비자와의 효율적인 커뮤니케이션을 시도하고 있는데 사실을 말하거나 스토리를 수정하거나 새로 만들어서 설득력 있는 스토리로 전달하도록 노력하고 있다. 기업 스토리텔링을 전달하는 방식은 여러 가지로 분류할 수 있지만 브랜드 스토리 존재 유무 자체에 초점을 놓고 본다면 크게 사실(historical fact)-수정(modification)-창작(creation)의 세 가지로 구분할 수 있다(이스터 보고서, 2008).

첫째, 사실만을 말하는 경우로 애플의 CEO 스티브 잡스의 히스토리가 대표적인 사례이다. 스티브 잡스의 삶 자체가 애플이라는 기업 본질을 전달하면서 잡스의 도전적인 이야기를 부각하여 독특하고 창조적인 브랜드 가치와 이미지를 확립하였다.

둘째, 스토리를 약간 바꾸는 경우로 롯데리아의 크랩버거 사례를 들 수 있다. 크랩버거는 〈노인과 바다〉 소설의 주요 소재를 활용하여 커다란 게를 등장시켜 "니들이 게맛을 알어?"란 유머러스한 유행어를 탄생시켰다.

셋째, 스토리를 새로 만드는 경우로 박카스의 시리즈 광고가 대표적이다. 피로회복제인 박카스는 대학, 군대, 직장인 등 일상생활에서 드링크제와 연관성을 부여하는 스토리로 친근감을 높여 나갔다. 박카스 TV광고는 2012년부터 "풀려라 5000만! 풀려라 피로!"를 메인 카피로 선보인 '대한민국에서 OOO로 산다는 것' 시리즈의 후속편을 진행하며 대한민국에서 살아가는 사람들에게 힘을 실어 주는 데 중점을 두었다.

〈표 6-1〉 스토리텔링 마케팅전략 유형

구 분	유 형	특 징	사 례
사실 기반의 스토리텔링	에피소드 스토리텔링	• CEO, 기업, 제품, 탄생의 뒷이야기 • 브랜드네임의 의미를 이야기 소재로 활용. 최대한 리얼리티를 반영해야 효과가 큼.	• 애플 • 스티브잡스의 히스토리를 부각하여 독특하고 창조적인 브랜드 가치와 이미지 확립.
	체험담 스토리텔링	• 소비자가 직접 경험한 이야기를 다시 소비자에게 전달하여 제품과의 유대감 및 브랜드 경험 강화.	• SK텔레콤; 현대생활백서 • 개개인이 휴대전화를 통해 겪은 다양한 에피소드를 '내가 만들어 가는 생활의 중심'이라는 테마로 경험담 공유.
수정/가공 스토리텔링	루머 스토리텔링	• 리얼리티가 아닌 흥미롭게 재미있는 이야기를 그럴듯하게 만들어 관심을 갖게 함.	• 바나나는 원래 하얗다 • 제품탄생 및 브랜드 네임의 비화를 마케팅 부서의 대화를 몰래카메라로 촬영하여 자연스럽게 전달.

구분	유형	특징	사례
수정/가공 스토리텔링	패러디 스토리텔링	• 기존에 활용한 인기 스토리를 제품의 콘셉트에 맞게 새로운 시각으로 가공하여 전달. 친근하고 빨리 부각할 수 있는 장점을 가짐.	• 롯데리아: 크랩버거 • 〈노인과 바다〉 소설의 주요 소재를 활용하여 원작 속의 상어를 커다란 게로 바꾸어 과장되고 유머스럽게 표현.
	디리버티브 스토리텔링	• 하나의 브랜드에서 스토리를 통해 다른 영역의 브랜드를 파생적으로 연상할 수 있도록 함.	• 페르소나 • 〈로미오와 줄리엣〉 러브스토리를 주얼리 제품과 소품을 통해 연상할 수 있도록 재해석하여 이야기 전개.
창작 스토리텔링	드림 스토리텔링	• 소비자가 동경하는 꿈과 희망을 브랜드에 담아 브랜드에 대한 동경을 느끼게 함	• 나이키 • 승리에 대한 의지와 열정을 선수의 멋진 모습과 플레이를 통해 동경심 자극.
	시리즈 스토리텔링	• 하나의 주제에 대해 일관된 콘셉트로 연속적이고 다양한 이야깃거리 전달.	• 박카스 • 대학, 군대, 직장인 등 일상생활에서 드링크제와 연관성을 부여하는 스토리로 친근감 제고.
	기념일 스토리텔링	• 특정한 기념일에 맞는 이야기를 개발하여 관련 타겟 그룹이 공감하고 참여하게 함.	• 빼빼로 • 빼빼로 모양과 같은 11월 11일을 '빼빼로데이'로 지정하여 친구끼리 선물로 빼빼로를 주고받는 의미 전달.

출처: 이스터 보고서(2008), p. 3.

웹툰 〈미생〉의 스토리텔링마케팅

웹툰 〈미생〉이 케이블TV 드라마로 방영되면서 2014년 케이블 TV 최고의 시청률을 올렸다. 〈미생〉은 tvN 드라마로 2014년 10월 17일 1.6%(닐슨코리아 기준)라는 저조한 시청률로 시작한 이후 직장인의 모습을 현실적으로 담아내 공감을 불러 모으면서 급기야 20회 최종회에서는 시청률 8.24%라는 경이로운 시청률을 이루어 냈다.

원작 만화 〈미생〉은 종합상사 원인터내셔널 샐러리맨의 일과 삶, 애환을 담아낸 작품이다. 국내 만화계에서 취재 문화는 아직까지도 낯선 편이다. 그런데 〈미생〉은 윤태호 작가의 철저한 취재를 근거로 만들어진 보기 드문 작품이었다. 〈미생〉은 발로 뛴 취재를 바탕으로 종합상사의 시스템을 세밀하게 그려 냈고, 작품 내 직원의 갈등 구조도 이 시스템을 통해 만들어졌다. 그러다 보니 오직 단점을 부각하는 데 여념 없던 수직적 관료제 또한 〈미생〉에서는 납득할 만한 이유로 이야기에 참신함을 더해 준다.

웹툰에서 출발한 〈미생〉도 만화라는 틀에서 벗어나 OSMU(one-source multi-use)에 따라 단행본과 모바일 영화, 드라마가 잇달아 흥행했고, 롯데칠성음료의 '레쓰비-미생 캔커피' 등 관련 상품까지 나왔다. 인터넷 포털사이트에 연재된 웹툰 〈미생〉은 2013년 10월, 전 9권으로 완간되면서 2년 만에 200만 부의 판매고를 올렸다. 이와 함께 유료로 전환된 웹툰 판매도 동반 상승했다. 여기에는 특집 5부작 형식으로 새로 연재된 번외편이 큰 역할을 했다. 포털사이트의 기존 소비자를 재유입하고 TV를 통해 생성된 신규 소비자를 추가 유입하는 장치가 된 것이다.

〈미생〉의 인기 비결은 웹툰에서 처음 도입된 하나의 이야기가 드라마, 만화, 모바일 영화, 웹툰 특별판 등의 미디어를 통해 확장되는 '트랜스미디어 스토리텔링'이 적용됐기 때문이다.

트랜스미디어 스토리텔링(transmedia storytelling)은 헨리 젠킨스가 제안한 개념으로 OSMU와 유사하지만 각 플랫폼별로 별개의 이야기가 진행되며 여러 미디어 플랫폼을 통해 전체 이야기가 완성되는 OSMU보다 더 진화된 개념이다. 〈미생〉의 경우 모바일 영화 〈미생 프리퀄〉을 통해 등장인물 6인의 과거를 다루었으며,

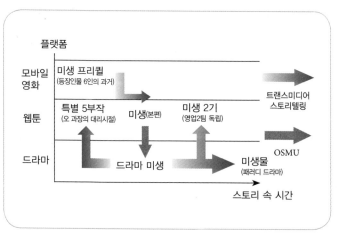

[그림 6-5] 미생의 OSMU와 트랜스미디어 스토리텔링

드라마 방영 중에도 웹툰 특별 5부작을 통해 극중 주요 인물인 오 과장의 대리 시절 이야기를 풀어냈다. 각각 별개의 이야기이지만 웹툰, 모바일 영화, 웹툰 특별 5부작이라는 플랫폼이 모여서 〈미생〉이라는 세계관이 완성된다.

이처럼 웹툰이 원작인 〈미생〉이 '사람 사이의 일'이라는 공감을 끌어내는 것, 즉 스토리텔링이 작용했기 때문이다.

드라마 〈미생〉은 기존의 인기스토리를 새로운 시각에서 재해석 하여 이야기를 전개하는 수정/가공 스토리텔링으로 성공할 수 있 었다. 즉, 각색의 '자세'로 만화 원작을 드라마로 만들 때 어떤 방 식을 취할 것이냐에 대한 고민이 압축되어 있다. 〈미생〉은 원작을 충실히 재현하기보다 이야기 뼈대를 중심으로 변형하거나 각색하 여 원작의 묘미를 살렸다.

이와 달리 같은 웹툰을 원작으로 하는 영화 〈이끼〉는 원작의 묘 미를 제대로 살리지 못했다. 이 영화는 마을의 성립과정, 즉 악의 원천을 처음부터 하나하나 풀어놓으면서 관객은 가장 궁금해야 할 불온한 기운의 정체를 초반부터 알아챈 채 영화를 따라간다. 결국 도입부에서 관객이 영화의 핵심 부분을 파악해 극적 긴장감이 떨어지는 원인이 됐다.

그러나 드라마 〈미생〉은 원작에 대한 충분한 이해에서 시작한다. 드라마 제1화에서 처음 모습을 드러낸 신입사원 안영이는 만화와는 전혀 다른 분위기의 섹시한 여성으로 등장한다. 시청자는 이후 새로운 모습을 덧댄 장백기나 한석률 같은 캐릭터에 매혹당했다. 장백기의 고민은 좀 더 입체적으로 그려졌으며, 한석률 역시 능글능글함에 수다스러움을 더해 매력적인 캐릭터로 거듭났다. 주인공 장그래는 인생의 전부이던 바둑을 포기하고 종합상사 인턴사원이 돼 그 안에서 고군분투하는 직장인을 연기했다. 주인공 장그래의 상사 오상식 과장 역시 늘 버럭버럭 소리를 지르다 때때로 얄미운 놈을 대신 골려 주기도 하는 등 호방함이라는 새로운 옷을 입었다. 주연배우는 물론 실감 나는 연기내공을 보여 준 조연, 특별출연 배우들이 실제 직장인처럼 감정이입할 수 있는 캐릭터가 돋보였다.

또한 〈미생〉의 성공은 원작을 각색한 작가주의가 원동력이 되었다. 정윤정 작가는 좀 더 현실적인 대본을 위해 1년 전부터 프리 프로덕션에 착수했다. 서브작가를 실제 회사에 보내 현장감을 잡게 하는 등 철저한 사전조사를 했고, 실감 나는 직장생활의 현실을 반영하였다. 원작에 없는 에피소드를 삽입하여 이야기를 풍성하게 했다. 드라마 후반부 장백기와 안영이의 러브라인은 다소 밋밋하게 흘렀던 이야기에 몰입감을 높였다는 반응을 이끌어 냈다.

이와 함께 주연과 조연을 혼동할 정도로 〈미생〉은 다양한 배역의 균형 분배에 힘썼다. 임시완, 이성민, 강소라, 강하늘, 변요한, 김대명 등 주연과 이경영, 손종학, 오민석, 태인호, 박해준, 전석호, 신은정 등 조연 배우가 유기적으로 호흡했다. 이처럼 직장인의 현실을 반영한 드라마를 그려 낸 이면에는 이를 실감 나게 살려 준 배우의 연기력이 뒷받침됐기에 완성도를 높일 수 있었다.

〈미생〉에서 알 수 있듯이 좋은 원작이 모든 성공을 보장해 주지는 않는다. 그보다 더 중요한 것은 원작에 대한 철저한 이해로 미디어 특성에 맞게 새롭게 가공하거나 재구성하는 스토리텔링마케팅 능력이 중요하다.

••• 용어 정리

트랜스미디어 스토리텔링(transmedia storytelling) 여러 개의 미디어 플랫폼을 통해 '하나'로 이해될 수 있는 이야기를 전달하고 이를 경험하는 것을 지칭하는 것으로 디지털 컨버전스 시대에 새롭게 등장한 텍스트 유통 관습이자 미디어 경험 양식이다. 멀티플랫포밍의 한 형태인 트랜스미디어 스토리텔링은 개별 이야기가 모여 하나의 전체 이야기를 만들어 내는 것으로, 이용자의 경험에 따라 이루어진다.

4. 한류마케팅

한류마케팅의 개념과 확대

세계화가 빠르게 진행되면서 경제적 국경뿐만 아니라 문화적 국경마저도 허물어지고 있다. 마찬가지로 아시아도 10년을 주기로 특정 국가의 문화가 유행을 주도하는 경향을 보여 왔다. 1980년대 홍콩 영화의 유행을 '홍콩류', 즉 항류(港流)라 했고, 1990년대 일본 TV 드라마, 애니메이션, 게임 등의 유행을 일본 스스로 일류(日流)라 지칭했다. 1990년대 후반 한국 TV드라마와 대중음악의 인기가 중화권에서 시작되면서 '한류'라는 용어가 사용되기 시작하였다.

이렇듯 한류(韓流, Korean Wave)는 1990년 말 한국 대중문화 인기가 해외에서 급속히 유행하면서 사용된 용어이다. 한류의 어원에 대해 국내 서적은 1999년『북경청년보(北京靑年報)』에서 사용하기 시작한 신조어로 언급한다.

그러나 한류라는 어원은『북경청년보』에서 처음 사용한 것이 아니라 1999년 문화관광부(현 문화체육관광부)에서 한국의 인기가요를 홍보하기 위하여 〈韓流-Song from Korea〉라는 음반 6000장을 제작하여 중국에 배포하면서 시작되었다(장규수, 2011).

최근 한류는 '대중문화에 대한 열광'에서 나아가 '한국 문화, 한국 상품, 한국인 등 한국 자체를 동경하고 선호하는 현상'으로 발전하고 있다. 한류에 따른 콘텐츠 수출이 증가하면서 파생상품의 수출 및 관광, 음식 등 관련 산업에도 긍정적 영향을 끼쳤다. 또한 국내 기업이 한류 스타를 이용한 마케팅 수단을 적극 활용하며, 궁극적으로 국가 이미지도 호의적으로 형성하였다.

한류가 확산되는 데 시기별로 결정적인 공헌을 한 킬러콘텐츠는 〈겨울연가〉, 〈대장금〉, 〈강남스타일〉, 〈별에서 온 그대〉 등이다. 〈겨울연가〉를 통해 최소 3조 원의 경제 효과를 일으킨 배용준부터 2014년 종영된 SBS 〈별에서 온 그대〉의 전지현까지 한류를 주도해 온 스타가 한류 확산에 크게 공헌했다.

일본 한류 열풍 10주년이던 2013년 〈겨울연가〉는 최고작품상

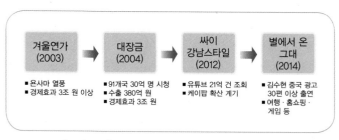

[그림 6-6] 한류 확산에 기여한 문화콘텐츠 상품

을, 배용준은 그랑프리 및 대상을 수상했다. 〈겨울연가〉는 일본에서 20%가 넘는 시청률을 기록했고 욘사마 열풍은 물론 경제적 파급효과를 가져왔다.

〈대장금〉은 91개국 30억 명이 시청한 드라마이다. 수출과 광고수입만도 약 380억 원에 달한다. 대장금 생산유발 효과는 1119억 원이고, 파급경제 효과는 지난 10년간 3조 원에 이른다.

싸이는 〈강남스타일〉로 유튜브 조회 수만 21억 건을 기록해 월드스타 반열에 올랐으며 엑소, 동방신기, 소녀시대는 침체된 국내 음반 시장에 도움을 주었다.

2014년 〈별에서 온 그대〉의 김수현과 전지현은 새로운 스타노믹스 주인공으로 '제2의 한류붐'을 일으켰다.

〈별에서 온 그대〉는 여행업, 홈쇼핑, 모바일 게임업계까지 파생상품의 영역을 확대하면서 3조 원 이상의 경제효과를 기대하고 있다.

한류의 범위는 드라마와 케이팝, 영화 등 대중문화에서 한식, 제품, 패션 등으로 그 영역을 넓히고 있는 것으로 나타났다(고정민 외, 2009).

한국문화산업교류재단이 2012년 2월 세계 9개국(중국, 일본,

대만, 태국, 미국, 영국, 프랑스, 브라질, 러시아)의 3600명을 대
상으로 한 설문조사에서 '한류라고 생각하는 것은?'이라는 질문에
대한 답으로 드라마, 케이팝, 영화가 1~3위를 차지한 데 이어 한
식, 한국 제품, 패션, 한국 관광, 한글, 전통문화, 게임, 태권도,
문학, 스포츠, 의료 등이 포함됐다.

　이러한 한류 열풍이 확산되면서 1990년대 이후 우리나라 기업
은 한류를 마케팅과 접목하기 시작했다. 한류마케팅은 한류를 활
용한 유형의 상품과 프로그램을 개발하여 부가가치를 창출하고,
한국의 대중문화를 확산하여 한국 문화를 전파하고 국가 이미지
를 제고하는 활동을 의미한다. 즉, 한류마케팅은 한류를 기반으로
관광, 성형, 화장품, 패션, 스포츠 등 한국 대중문화 및 한국 스타
와 직접적으로 연계된 상품 판매로 확대하는 것으로 볼 수 있다.

　한국 대중문화 스타를 직접 만나기 위해, 때로는 한국 드라마
배경이 된 곳을 찾기 위해 한국을 방문하는 외국인이 늘자 이를
'관광한류'라 칭했다. 또한 한국 연예인의 옷차림이나 액세서리를
따라 하는 외국인이 증가하면서 또 하나의 바람을 일으키자 '패션
한류'라 불렀다. 여기에 한국 연예인처럼 예쁘고 멋있는 외모를
원하는 수요가 생기면서 '성형한류'도 인기를 끌었다. 이 외에도
한국 음식이나 한국 제품, 한국 게임, 한국 캐릭터처럼 한국식이
면 모든 것을 좋아하는 현상도 나타나 한류의 범주는 갈수록 확대
되는 모습이다(매일경제 한류본색 프로젝트팀, 2012).

　한류마케팅을 앞세운 관광업계의 한류 관광객 유치 노력이 본
격화되고 있다. 일반기업이 음식, 화장품, 의류, 미용 등 한류와
연관된 문화상품을 개발해 한류 스타를 현지시장 개척을 위한 상
품 마케팅에 적극 활용하는 추세가 일반화되면서 한국으로 오는

관광객 수도 증가하고 있다. 이에 관광업계는 한류 관광객 유치를 위해 드라마 촬영지를 방문하는 패키지 여행상품은 물론 한국의 산사를 체험하는 템플 스테이(temple stay), 농촌을 체험하는 팜 스테이(farm stay) 같은 체험상품, 문화축제와 한류 스타의 공연을 연계한 이벤트 등 한국 문화 전반을 관광 콘텐츠로 활용하려는 시도가 활성화되고 있다(홍순영, 2005).

특히 드라마 〈대장금〉의 사례는 한국 음식이라는 관광 상품을 개발하여 부가가치를 창출하였고, 〈겨울연가〉로 유명한 남이섬은 한류 열풍의 진원지로 외국인 관광객을 끌어들였다.

무엇보다 지속적인 한류 확대를 위해서는 제조업체와 엔터테인먼트기업 간 동반전략을 통해 한국 제품의 이미지를 제고해야 한다. 김수현, 전지현, 이민호 같은 한류 스타가 광고모델로 기용되어 상품의 부가가치를 높이고, 새로운 고품격 문화상품을 지속적으로 발굴하여야 한다. 예컨대 YG와 삼성전자는 콜라보레이션을 통해 YG의 콘서트 홍보와 마케팅을 지원하고 자연스럽게 삼성제품을 노출하여 서로 상생하는 마케팅을 활용해야 한다.

한류 단계별 전략

한류 발전단계에 따라 차별화된 한류마케팅전략이 필요하다는 주장이 제기되고 있다. 매일경제 한류본색 프로젝트팀은 현재까지 한류가 소구와 진입(1단계), 공감과 확산(2단계)을 거쳐 수평적 확산(3단계)에 이르렀다고 주장했다(매일경제 한류본색 프로젝트팀, 2012).

하류 발전단계는 지역의 경세성상과 특징을 반영하여 적합산업을 소구해야 한다. 우선 1단계 부분에서는 미국과 유럽 등 선진국

발전단계	1단계	2단계	3단계	4단계	5단계
주요 이벤트	소구 & 진입	공감 & 확산	수평적 확산 (스노우볼)	음식, 의복 등 수직적 확산	기저문화화

맞춤산업	IT의 자동차 등 과시소비재	생필품소비재	패션과 음식

한류 발전단계	4단계 중간	3단계 진입	1단계 마지막
지역	아시아 (인도 제외)	중동, 중남미 북아프리카	미국(실리콘밸리,뉴욕) 유럽(영국, 프랑스)
지역의 경제적 특징	한류=프리미엄문화 폭넓은 팬층 확보	IT 발전과 더불어 한류=문화소비재화	IT에 친숙한 10~20대 젊은 층 중심
적합 산업	의식주	생필품	휴대폰 등 IT기기

출처: 매일경제 한류본색 프로젝트팀(2012), p. 54.

[그림 6-7] 한류 발전단계와 침투 적합산업

의 IT에 친숙한 10~20대 젊은 층을 대상으로 휴대전화와 자동차 등 소비재를 판매하는 전략이 유리하다. 3단계 수평적 확산단계 는 중동, 중남미, 북아프리카 지역의 스노볼(snow ball) 형태로 한 류가 확산되면서 생활필수품 소비재를 판매해야 한다. 4단계 중 간단계는 아시아(인도 제외)에서 한류의 발전과 진화를 통한 수직 적 확산에 주력해야 하며 의식주처럼 생활과 연관된 영역으로 진 출해야 한다. 이제 한류는 한식이나 패션처럼 하나의 문화로 녹아 들어야 한다. 한식과 한국의 가전제품은 드라마에 출연하면서 이 미 '갖고 싶은' 혹은 '체험하고 싶은' 상품의 대열에 올랐다. 패션도 한류의 여파로 의류브랜드가 중국 진출을 하면서 한류 스타를 통 한 마케팅을 벌이고 있다.

코트라(2011)도 한류의 경제적 효과를 높이려면 국가별 한류 진출 단계에 적합한 맞춤전략을 마련해야 한다고 설명한다.

코트라는 최근 전 세계 94개 코리아비즈니스센터(KBC)를 통해 조사한 『글로벌 한류 동향 및 활용전략』 보고서에서 한류 진출 정도에 따른 기업 지원방안을 제시했다. 보고서에 따르면 일본과 동남아시아를 중심으로 불던 한류는 최근 유럽, 중남미, 중앙아시아로 확대되고 있으며, 드라마와 영화 중심에서 케이팝으로 영역을 넓히고 있다.

또한 한류 진출 정도에 따라 국가별로 타깃시장, 유망시장, 초도시장 등 3단계로 구분하고 각 시장에 맞는 지원방안을 마련하였다(심희철 외, 2013).

1단계는 일본, 중국, 태국 등 13개국의 타깃시장에서 매년 해외 순회 한류 상품 전시회를 개최하여 한류 소비자를 확대함으로써 한류 상품과 서비스 수출성과를 창출하자는 것이다. 2단계는 마니아층을 중심으로 한류가 퍼져 있는 북미, 중남미, 중동 등 25개국은 유망시장을 대상으로 한류 콘텐츠 수출을 본격화하고, 한류 파생상품(패션, 미용, 의료, 관광) 및 서비스의 수요 발굴이 필요하다는 것이다. 3단계는 러시아, 아프리카 일부 지역 등의 한류 미도입 단계의 초도시장 37개국에 대해서 매년 한류 콘텐츠 전문 비즈니스 상담회를 개최하여 한류의 인지도를 높이는 전략이 필요하다. 코트라는 글로벌 한류 동향 및 활용전략 보고서를 통해서 시장의 성숙도에 따른 3단계 전략을 활용하여 콘텐츠 및 한류 상품과 서비스를 확대하는 방안을 실현하는 것을 목표로 삼는다.

이같이 한류가 한국 상품 구입에 영향을 주는 형태는 국가마다 차이점을 보인다. 1990년대 중반부터 시삭된 한류는 중화권을 중심으로 주로 인기 드라마와 영화 중심의 콘텐츠 수출이 주된 것이었으나 최근에는 아시아를 넘어 미주, 유럽, 중동 지역까지 확대되고 있으며, 케이팝의 영향으로 한류 상품의 잠재 소비자가 젊은 층으로 크게 확산됐다. 이로 인해 한류 및 스타의 광고가 상품 구입에 미치는 영향도 세대별·지역별로 상이하다. 따라서 한류 발전 단계나 전략을 고려하여 반드시 공략하고자 하는 국가의 문화, 상품에 대한 선호도, 소비자 성향 등에 대한 분석을 반영하여야 한다.

한류는 21세기에 한국을 세계에 알리고 한국의 이미지를 제고하는 데 매우 중요한 역할을 하고 있다. 무엇보다 한류마케팅이 성공하려면 우리 문화의 우수성과 역동적인 매력을 발산하는 문화콘텐츠 개발을 통해 외국인에게 우호적인 한국의 이미지를 심어 주고, 기업도 이런 한류를 마케팅에 적극 활용하는 전략을 마련해야 한다.

드라마 〈별에서 온 그대〉의 한류마케팅

드라마 〈별에서 온 그대〉가 주춤하던 한류에 새바람을 일으키며 제2의 한류 열풍을 일으켰다. 한국 드라마가 중국에서 이처럼 큰 인기를 모은 것은 2005년 드라마 〈대장금〉 이후 거의 10여 년 만이다. 〈별에서 온 그대〉는 2014년 2월 중순 '한국인이 가장 좋아하는 프로그램'을 묻는 한국갤럽 설문조사에서 11개월간 독주하던 MBC 〈무한도전〉을 제치고 당당히 1위를 차지했다. 〈별에서 온 그대〉의 평균 시청률이 20%를 넘었고 2014년 2월 27일 마지막 회에서는 전국기준 28.1%(닐슨코리아)를 기록했다.

SBS 드라마 〈별에서 온 그대〉는 중국에서 정식 방송되지 않았지만 인터넷을 통해 젊은 세대를 중심으로 화제를 모으면서 중국

대륙에 제2의 한류를 일으켰다. 드라마에 등장한 대사가 중국인 사이에서 유행하고, 드라마에 라면이 등장했다는 이유만으로 국내 식품업체 농심이 중국에서 사상 최대 매출을 올렸다. "눈 오는 날에는 치맥(치킨과 맥주)을 먹어야 한다"는 주인공의 대사 한마디로 '치맥' 열풍이 인 것도 이 드라마 때문이다.

드라마의 인기로 인해 남자주인공인 김수현(도민준 역)은 중국에서 30편 이상의 광고를 찍어 광고비로 5억 위안(한화 909억 원)의 수입을 올렸다. 여자주인공 전지현(천송이 역)은 드라마가 히트한 이후 2014년 한 해 가전, 소셜커머스, 식품, 음료, 의류, 주류, 통신사, 화장품 등 무려 10여 개 브랜드 광고에 출연하며 'CF 퀸'으로 등극했다.

중국 언론은 하루가 멀다 하고 왜 자신들은 〈별에서 온 그대〉 같은 트렌디 드라마를 만들 수 없는지를 분석했다. 중국 CCTV의 한 시사 프로그램에서 중국 내 〈별에서 온 그대〉 열풍을 '도 교수, 별에서 왔나?'라는 타이틀로 9분 정도 다루며 그 열풍을 실감케 했다. 북경 제2외국어 대학교 모 교수는 〈별에서 온 그대〉의 도민준이 가져온 것은 한국 문화에 대한 단순한 호기심을 넘어 한국의 문화, 습관, 유행 등을 중국에 가져왔고, 단순한 사회현상을 넘는다는 평가를 받고 있다"고 밝혔다. 한중 정치계 인사가 모여 이 드라마 이야기로 인사를 대신할 정도였으니, 드라마 한 편의 문화적, 경제적, 외교적 효과가 얼마나 큰지 알 수 있다.

또한 중국 최대 인터넷 쇼핑몰 타오바오에는 〈별에서 온 그대〉 관련 상품이 270만 건이나 등록되어 있고 극중 등장하는 의류, 화장품 등의 구매대행 업체도 등장했다. 중국에 진출한 우리 기업도 〈별에서 온 그대〉 특수를 누렸다. 김수현이 광고 모델로 활동하는

CJ푸드빌의 뚜레쥬르 베이징 지역 매장 매출은 28%, 상하이 지역 매장 매출은 40% 올랐다. 〈별에서 온 그대〉를 이용한 관련 상품, 여행상품, 모바일 게임과 공연까지 개발되고 있다. 전문가들은 '별에서 온 그대' 경제 효과가 3조 원에 달할 것으로 추산한다.

드라마의 인기에 힘입어 촬영지가 새로운 관광코스로 부각하고 있다. 〈별에서 온 그대〉 배경으로 나온 N서울타워 루프테라스를 비롯해 경기도 가평군 쁘띠프랑스, 인천시립박물관, 인천대학교 송도캠퍼스 등을 찾는 중국인 관광객이 크게 증가했다. 프랑스 문화 마을인 경기도 가평군 쁘띠프랑스는 드라마에서 남녀 주인공이 사랑을 확인하는 장면이 촬영돼 관심을 끌었으며, 드라마 속 소품 '비녀'가 전시됐던 인천시립박물관과 남녀 주인공의 만남을 촬영한 인천대학교 송도캠퍼스가 관광코스로 인기를 모았다. 특히 송도석산은 드라마 전개과정에서 가장 극적인 배경이 된 곳(남자주인공이 여자주인공을 두 번이나 구출한 명장면 '절벽 신'이 촬영된 장소)으로 인천의 새로운 관광상품으로 개발되었다. 드라마 〈별에서 온 그대〉 속 도민준의 서재와 천송이의 침실이 새로운 웨딩 촬영의 명소로 떠오르는 등 드라마 촬영 배경이 장소마케팅의 공간으로 자리 잡고 있다.

●●● 〈별에서 온 그대〉와 '천송이노믹스'

- SBS 〈별에서 온 그대〉는 아이치이((iQIYI) 등 중국 4대 온라인 동영상 스트리밍 사이트에서 40억여 회 조회수를 기록하며 선풍적 인기를 기록
- 방영과 더불어 드라마에 등장한 모든 것이 구매로 이어지는 현상을 보임.
- 주인공이 쓰던 태블릿PC, 김수현이 읽던 책 등이 인기를 끌었으며, '치맥 열풍'이 불고 라면 판매량이 급증함.

- 드라마에 나온 장소는 '여행 성지'가 되어 중국인 관광객 증가의 견인차 역할을 함.
- 시청자는 여주인공이던 전지현이 입고 나온 옷과 가방, 선글라스, 구두, 작은 액세서리의 브랜드까지 알아냈고, 단시간에 완판되면서 '천송이노믹스'란 용어까지 만들어짐.
- 경제 전문가는 〈별에서 온 그대〉의 경제효과가 3조 원에 달할 것으로 추산함. 드라마의 중국 수출단가가 회당 3만 5000달러에 불과하다는 것을 감안하면 수천 배의 파급효과를 발휘한 것임.

5. 문화마케팅 발전을 위한 제언

최근 케이팝과 한류 열풍을 타고 문화마케팅에 대한 연구가 활발히 진행되고 있는데, 학계와 산업계가 요구하는 문화마케팅의 발전 방안에 대해 몇 가지 제시하면 다음과 같다.

첫째, 기획력과 창의력을 갖춘 마케터의 양성이 필요하다.

문화마케팅에 대한 연구의 역사가 일천하기 때문에 아직 문화마케팅이 독자적인 학문 영역으로 체계화되지 못하고 있는 실정이다. 무엇보다 문화와 경영(마케팅) 분야를 아우르는 전문성을 갖춘 연구인력과 교수인력이 절대적으로 부족하다. 또한 관련 교재를 비롯한 교육과정의 발전이 국내 실정에 맞게 체계화되지 못하고 있고, 문화의 하위 장르와 분야가 너무 광범하여 통합적 관점에서 문화마케팅 이론을 정립하지 못하고 있다.

1990년대 후반 학계에서도 문화콘텐츠 마케팅전략 수립에 필요한 다양한 이론과 실제를 학습할 수 있는 교육과성을 도입하고, 마케팅전략 수립에 필요한 조사분석 방법과 마케팅 사례연구를 통하여 문화마케팅전략 수립의 실무를 익힐 수 있는 교과과정을 도입하고 있다. 또한 일부 대학은 정규과정이 아닌 문화마케팅 실무과정을 개설하여 대학생과 문화 실무자의 재교육을 실시하고 있다.

그러나 전문화된 교육 프로그램 개발이 부족하며 기업의 문화마케팅 활동을 지원하고 공동 프로젝트 추진을 위한 체계화된 인력이 양성되지 못하고 있다. 따라서 문화마케팅 실무자를 양성하기 위한 창의 아카데미의 설립이 필요하고, 대학도 교육과정을 개편하여 문화 산학협동 프로그램을 기획하고 운영할 문화경영 전문인력을 양성해야 한다.

둘째, 문화시장을 분석하는 과학적인 시장조사가 필요하다.

소비자의 취향이 변덕스러운 문화산업에서 과학적이고 체계적인 시장조사를 선행하여야 한다. 문화소비자에 대한 정량분석이나 정성분석 방법론을 도입하여 소비자의 선호도나 구매행동, 의사결정과정 등에 대해 효율적인 마케팅전략을 수립해야 한다.

이와 같이 데이터 주도적 마케팅을 위해서는 빅데이터를 도입하여야 한다. 빅데이터 전문가의 양성을 통해 문화산업에서 정형데이터와 비정형 데이터 분석으로 소비자의 다양한 욕구를 반영하고 마케팅 성과를 높일 수 있을 것이다. 빅데이터는 하드웨어, 소프트웨어는 물론이고 컴퓨터공학, 인간공학, 언어학까지 망라한 기술을 적용한다. 그렇기 때문에 수학과 컴퓨터공학, 인문학, 커뮤니케이션 능력을 갖춘 빅데이터 전문인력 육성이 필요하다. 따라서 문화산업 분야에 빅데이터를 적용할 수 있는 창조적이고 통합적인 사고력을 갖춘 인재를 적극적으로 양성하여야 한다.

셋째, 문화예술단체와 기업 간 파트너십을 구축하여 시너지 효과를 극대화해야 한다.

　기업은 문화예술단체와의 결연을 통하여 상호 이익을 추구하는 전략적 파트너십을 구축하고 있다. 대부분 국내 기업의 문화마케팅은 예술단체의 지원이나 협찬 형태를 통하여 문화기업의 이미지를 구축하고 있다. 2010년 이후 기업의 문화예술 지원활동이 급격히 증가하면서 기업 스스로 문화마케팅에 대한 효과를 인식하게 되었다. 문화예술을 지원하고 후원하는 자선의 관점이 기업과 문화예술의 상생을 추구하는 파트너십으로 변모하기 시작하였다. 그 변화과정에서 문화마케팅이 등장한 것이다. 최근 기업이 앞다퉈 고객을 위한 차별화된 문화행사를 추진하고 있고, 예술단체와의 협업을 통하여 직접 예술공간을 창조하는 사례도 있다. 기업은 문화마케팅을 통한 이미지 제고 등 전략적 목표를 달성하고 문화예술기관은 고유의 가치를 제고하는 양자 모두 상호이익을 추구(win-win)하는 새로운 형태의 문화마케팅을 전개하여야 한다.

　이처럼 문화산업 개별주체(정부, 지자체, 문화예술단체)는 산업으로서의 문화의 중요성을 인식하고, 기업은 문화지원이나 사회공헌 활동 측면에서 문화마케팅 활동을 전개하며, 정부나 지자체도 문화산업 관련 인프라 구축을 통해 소비자의 관심과 참여를 유도해야 한다.

『2013 한류백서』, 한국문화산업교류재단, 2014.

강승구 · 장일, 『영화보다 재미있는 영화마케팅』, 한국방송통신대학교
　　출판부, 2009.

고정민, 『산업화에 접어든 공연예술』, CEO Information, 삼성경제연
　　구소, 2008.

고정민 외, 『한류, 아시아를 넘어 세계로』, (재)한국문화산업교류재단,
　　2009.

김난도 외, 『트렌드 코리아 2013』, 미래의 창, 2013.

김소영, 「기업이미지 꽃피우는 문화마케팅」, 『문화도시문화복지』, 제
　　143권 제5월호, 한국문화정책개발원, 2003.

　　　　, 「문화예술경영 유형과 효과: "예술을 파트너로" 기업-문화 원
　　윈」, 『DBR(Dong-A Business Review)』, 2010년 스페셜리포트.

김수형, 「뮤지컬 공연 시장의 브랜드 포지셔닝 전략 연구」, 단국대학교
　　경영대학원, 2008.

김승미, 『만원사례 예술 경영학』, 늘봄, 2008.

김영순 외, 『문화콘텐츠 마케팅의 이해』, 북코리아, 2010.

김유경, 「국가브랜드 개성의 차원에 관한 연구」, 『광고연구』, 2007.

김재영, 『Brand & Branding』, 비엔엠북스, 2007.

김정근 외, 『실버세대를 위한 젊은 비즈니스가 뜬다』, CEO Information,
　　삼성경제연구소, 2012. 10. 17.

라도삼 외, 『문화향수 촉진을 위한 문화마케팅 프로그램 개발』, 서울시
　　정개발연구원, 2005.

롤프 옌센 지음, 서정환 옮김, 『드림 소사이어티』, 리드리드출판, 2007.

리사 아더 지음, 이홍섭 옮김, 『빅데이터 마케팅』, 더난출판, 2014.

매일경제 한류본색 프로젝트팀, 『한류본색』, 매경출판, 2012.

박정호, 『경제학자의 인문학 서재 2』, 한빛비즈, 2013.

보니타 M. 콜브 지음, 이보아 · 안성아 옮김, 『문화예술기관의 마케팅』,
　　김영사, 2005.

손영훈 · 홍원균, 『드라마 '미생(未生)'을 통해 본 콘텐츠 생태계와 비즈
　　니스 기회』, KT경제경영연구소 디지에코보고서, 2014.

송길영, 『Understanding Society through SOCIALmetrics』, KT경제
　　경영연구소, 2011.

송화선, 「막강 '웹툰', 대표선수로 뜬다」, 『주간동아』, 964호, 2014.
　　11.26~12.2.

심상민, 『문화마케팅의 부상과 성공전략』, CEO Information, 삼성경
　　제연구소, 2002.

심희철 외, 『방송연예산업경영론』, 북코리아, 2013.

안길상 외, 『문화마케팅』, 한길사, 2008.

안길상, 「문화마케팅의 연구영역과 접근방법」, 『산업과 경영』 19권 1호,
　　충북대학교, 2006.

양윤, 『소비자 심리학』, 학지사, 2014.

용호성, 『예술경영』, 김영사, 2011.

유창조 · 여준상, 「마케팅 분야의 국내 연구에 대한 내용분석」, 『소비자
　　학연구』, 21권 2호, 2010.

윤홍근, 「문화산업에서 빅데이터의 활용방안에 관한 연구」, 『글로벌문

화콘텐츠』, 10호, 2013.

이가, 「한국 엔터테인먼트 기업 브랜드의 중국시장 PR전략 방안연구: SM, YG, JYP브랜드 자산 평가를 중심으로」, 건국대학교 대학원, 2015.

이동기 · 박홍식, 「지방정부의 문화마케팅: 담당공무원의 인식을 중심으로」, 『한국지방자치회보』, 통권 43호, 2003.

이동운, 「공연예술산업의 '흥행' 불확실성 감소를 위한 마케팅 기법 연구」, 성균관대학교 대학원, 2009.

이민화 · 차두원, 『창조경제』, 북콘서트, 2013.

『이스터 보고서』, Easter Communication, 2008. 6.

이양환, 「문화산업에서 빅데이터의 필요성」, 『한국문화관광원 웹진』, 2013. 3.

이인화, 『스토리텔링 진화론』, 해냄, 2014.

이지홍 · 김민희, 『K-pop과 드라마 검색 데이터로 본 한류의 현주소』, LG경제연구소, 2014.

임학순, 「우리나라 예술경영 연구경향 분석」, 『예술경영연구』, 14권, 2009.

장규수, 『스타시스템』, 커뮤니케이션북스, 2013 .

장규수, 「한류의 어원과 사용에 대한 연구」, 『한국콘텐츠학회』 11권 9호, 2011.

장영재, 『빅데이터와 비즈니스의 새로운 패러다임』, KT경제경영연구소, 2012.

정해승, 『엔터테인먼트 경제학』, 휴먼비즈니스, 2006.

조윤제, 『인문으로 통찰하고 감성으로 통합하라』, 작은씨앗, 2012.

주재우, 「싸이 · 빅뱅 같은 스타가 이미지 좌우? 'YG다움'은 뭘까, 고민을 디자인하다」, 『DBR(Dong-A Business Review)』, 2013. 5.

코트라[KOTRA], 『글로벌 한류 동향 및 활용전략 보고서』, 2011. 6.

프랜코이즈 콜버트 외 지음, 박옥진 · 김소영 옮김, 『문화예술 마케팅』, 태학사, 2005.

『한류NOW』, 한국문화산업교류재단, 2014.

허행량, 『스타 마케팅』, 매일경제신문사, 2002.

홍순영, 『SERI 전망 2006』, 삼성경제연구소, 2005.

황은교, 「예술마케팅분야 연구동향에 관한 계량서지학적 분석」, 중앙대학교 예술대학원, 2011.

Abercrombie, N., & Longhurst, B., *Audiences: A Socialogical Theory of Performance and Imagination*, C. A.: Sage, 1998.

Bernstein, J. S. *Arts Marketing Insights: The dynamics of building and retaining performing arts audiences*, San Francisco: Jossey-Bass, 2007.

Hirschman, E. C., & Holbrook, M. B., Hedonic consumption: Emerging concepts, methods and propositions, *Journal of Marketing*, *46*, 92-101, 1982.

Holbrook, M., & Hirschman, E., The experiential aspects of consumption: Consumer fantasies, feelings, and fun, *Journal of Consumer Research*, *9*, 132-140, 1982 .

Jensen, R. *The dream society : How the coming shift from information to imagination will transform your business*, New York: McGraw-Hill, 1999.

Kotler, P., & Keller, K. L. *Marketing Management* (14th ed.), New

York: Pearson Educacion, 2013.

Kotler, P., *Marketing Management* (7th ed.), New York: Prentice-Hall, 1996 .

Levitt, T., Marketing Myopia: A retrospective commentary, *Harvard Business Review, 53*(3), 26-48, 975.

McKinsey Global Institute, Manyika, J., & Chui, M., *Big data: The next forntier for innovation, competition, and productivity,* New York: Mckinsey Global Institution, 2011. 5.

Shapiro, C., & Varian, H. R, *Information Rules: A Strategic Guide to the Network Economy,* Boston: Harvard Business School Press, 1999.

Tylor, E. B. *Primitive Culture,* London: John Murrary, 1871.